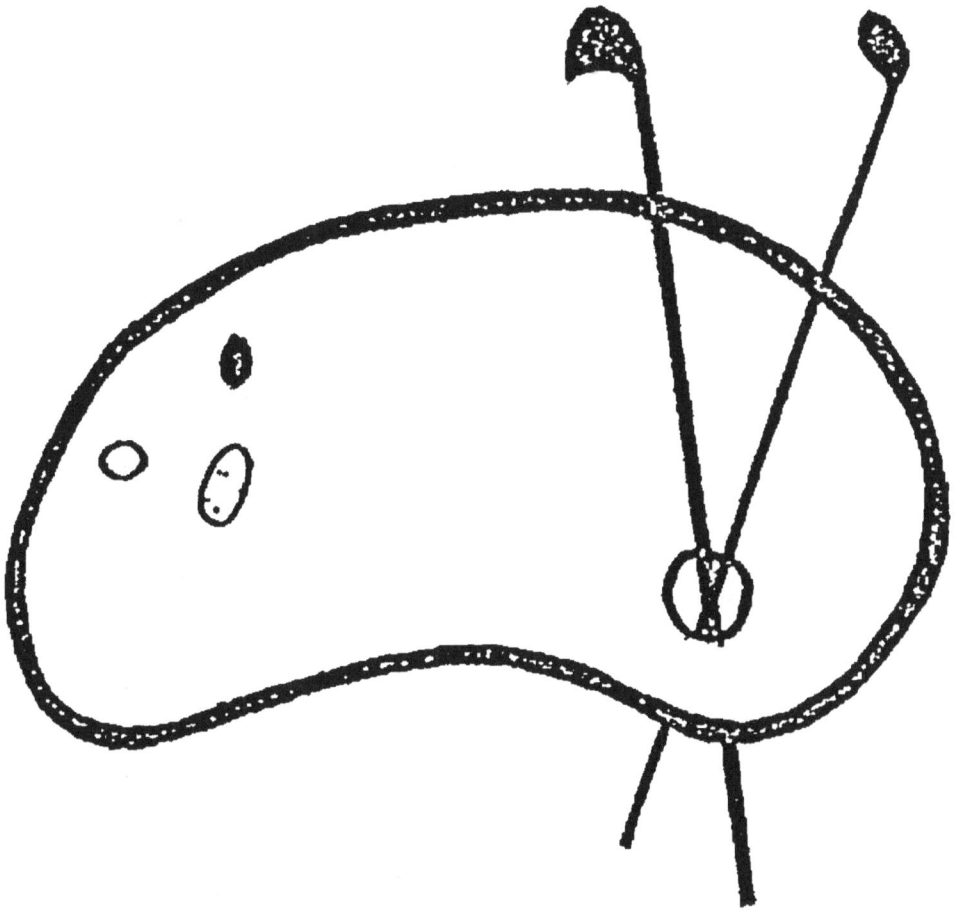

COUVERTURE SUPERIEURE ET INFERIEURE
EN COULEUR

NOUVELLE

MORALE

EN ACTION

LILLE. — L. LEFORT
ÉDITEUR.

CHEZ LE MÊME ÉDITEUR :

VOLUMES IN-12

Histoire de Bossuet, par F. J. L.
Histoire de Christophe Colomb.
Histoire de du Guesclin.
Histoires édifiantes et curieuses.
Histoire de Fénelon, par F. J. L.
Histoire de François I, roi de Fr.
Histoire de Godefroi de Bouillon.
Histoire de Henri IV, roi de France.
Histoire de Jean Bart,
Histoire de Jérôme.
Histoire de la Révolution française.
Histoire de Louis XII.
Histoire de Louis XIV.
Histoire de Marie-Antoinette.
Histoire de Napoléon,
Histoire de N. S Jésus-Christ.
Histoire de Philippe Auguste.
Histoire de Pierre d'Aubusson.
Histoire de Russie.
Histoire de saint François d'Assise.
Histoire de saint Louis, roi de Fr.
Histoire de sainte Monique.
Histoire d'Espagne.
Histoire de Stanislas, roi de Pologne.
Histoire de Théodose le Grand.
Histoire de Turenne.
Histoire de Vauban.
Histoire des solitaires d'Orient.
Histoire du Bas-Empire.
Histoire du Brave Crillon.
Histoire du cardinal de Bérulle.
Histoire du chevalier Bayard.
Histoire du Grand Condé.
Histoire du maréchal de Villars.
Histoire du moyen âge.
Histoire d'un morceau de pain.
Histoire du pontificat de Pie VI.
Histoire du pontificat de Pie VII.
Historiettes et Récits au jeune âge.
Hommes d'État les plus célèbres.
Imagination (l'), ou Ch. Drelincourt.
Jérusalem; hist. de cette ville célèb.
Joseph, ou le Vertueux Ouvrier.
Jules, ou la Vertu dans l'indigence.
Julien Durand.
Lancelle et Anatole.
La Piété rend heureux.
Le Père Nartoulet.
Les Dubourg, suivis du Sourd-muet.
Lorenzo.
Mademoiselle de Sombreuil.

Magistrats les plus célèbres,
Main (la) de Dieu.
Maire (le) de village.
Maison (la) du dimanche.
Maison (la) du lundi.
Maison (la) du tailleur.
Maître Mathurin.
Maîtresse (la) du logis.
Manuscrit (le) bleu.
Manuscrit (le) de Raoul.
Marie au foyer de la famille.
Marie, ou la Vertueuse Ouvrière.
Marie; sa vie divine.
Marins les plus célèbres.
Martyr (le) de l'Inde.
Maurice.
M. Desgenettes, curé de N.-D.des-V.
Médecin (le) chrétien
Médecins les plus célèbres.
Miel (le) et les Abeilles.
Missions d'Amérique, d'Océanie, etc.
Missions du Levant, etc.
Modèles de charité.
Modèles de perfection chrétienne.
Modèles des jeunes personnes.
Mois (un) de pieuses lectures.
M. Olier, curé de Saint-Sulpice.
Monseigneur de Quélen.
Moralités et Allégories.
Naufrage (le), ou l'Ile déserte.
Naufrages les plus célèbres.
Notre-Dame de Liesse.
Notre-Dame des Roses.
Nouveaux Drames sacrés.
Nouveau Théâtre pour les jeunes g.
Nouveau Théâtre pour les jeunes p.
Nouvelle Morale en action.
Nuit (la) porte conseil; drame.
Océanie (l').
Oiseaux (les) du ciel.
Orpheline (l').
Orphelins (les) de Montfleuri.
Orphelins (les), ou Deux Adoptions.
Pauvre (le) Savetier.
Paysans (les) norwégiens.
Pédro, par l'auteur de *Bruno.*
Peintres les plus célèbres.
Pèlerinage à la Salette.
Pensées du docteur Lecreps.
Péters; épisode d'un voyage en Suisse
Petit (le) Savoyard.

— Lille, Typ L Lefort. 1851. —

NOUVELLE

MORALE EN ACTION

In-12. 2e série

A LA MÊME LIBRAIRIE :

On reçoit *franco* à domicile contre timbres-poste.

— . . . .

NOUVELLE
MORALE EN ACTION

ANNALES CONTEMPORAINES

RECUEILLIES

PAR MADAME DE GAULLE

HUITIÈME ÉDITION

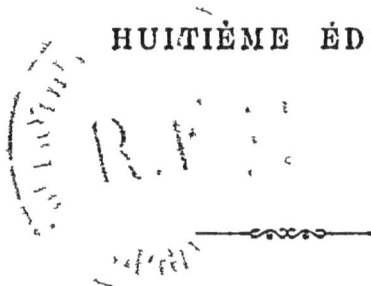

⚬⟷⚬

LIBRAIRIE DE J. LEFORT

IMPRIMEUR   ÉDITEUR

LILLE	PARIS
rue Charles de Muyssart, 24	rue des Saints-Pères, 30

1876

Propriete et droit de traduction réservés

AVANT-PROPOS

L'histoire des siècles renferme de grands et puissants enseignements : ceux qui cherchent à connaître la conduite de la Providence, l'infirmité humaine, le néant des choses de ce monde, les funestes suites de la négligence et du crime, ainsi que le pouvoir d'une grande vertu, n'en sauraient faire une étude trop approfondie.

Mais en résumant ou détaillant les faits importants qui ont influé sur la chute ou la prospérité des empires, l'histoire a dû laisser échapper une foule de faits privés qui, pour avoir eu moins de retentissement, n'ont pas

laissé que d'avoir eu une grande importance
pour ceux qui en ont été les témoins et les
contemporains. Il n'est point d'année perdue
dans l'oubli parmi la masse des siècles, qui
n'ait offert ses enseignements à ceux de cette
époque, qui n'ait montré des vices punis, des
vertus récompensées , où l'on n'ait entendu
les foudres célestes troubler la sécurité du
méchant, et où des douleurs en apparence
sans espoir n'aient été providentiellement
consolées.

Sans fouiller bien loin dans un passé récent, nous trouverons une foule de leçons
et une source de réflexions salutaires dans
les événements grands ou petits qui se sont
passés, la plupart, autour de nous.

NOUVELLE

MORALE EN ACTION

——◆✕◆——

Des crèches.

Qui n'a point entendu parler de la bienfaisante institution des crèches, fondée par M. Marbeau, pour recevoir l'enfant du pauvre flétri par la misère, en faire le nourrisson de la charité, et le soustraire ainsi à tant de causes de destruction qui devaient agir pour lui d'une manière permanente et inévitable? Elle doit encore faire à ce nouveau-né une bonne constitution, qui le dispose à devenir un homme utile, en même temps qu'elle permet aux pauvres mères de se livrer à un travail que le soin de leur nourrisson aurait interrompu.

Les crèches sont donc des asiles ouverts aux enfants depuis le premier mois de leur naissance jusqu'à l'âge de deux ans. Ils y trouvent une nourriture saine et abondante, un air pur, de petits lits bien soignés, des vêtements propres, et toutes les conditions possibles de santé et de propreté. Ces établissements sont ouverts tous les jours, excepté les dimanches et fêtes, depuis cinq heures et demie du matin jusqu'à huit heures et demie du soir, et visités quotidiennement par un médecin.

Non-seulement cette salutaire institution rend aux mères leur journée libre pour le travail, mais elle permet à de malheureux enfants que la misère constituait gardiens de leurs petits frères et sœurs, de fréquenter les écoles qu'ils étaient forcés de négliger. Enfin elle utilise encore, comme berceuses, de pauvres femmes sans ouvrage.

Une d'elles, attachée aujourd'hui à la crèche Saint-Lazare, était auparavant réduite, avec ses cinq enfants, à un tel état de misère, qu'un jour, sans ouvrage, sans un sou, il ne lui restait qu'un tout petit morceau de pain sur lequel s'attachaient douloureusement les regards de toute la famille affamée : il y en avait si peu qu'il ne pouvait se partager !... « Eh bien, qu'il soit au plus petit, » dit la mère; et, le cœur serré d'une inexprimable souffrance, elle s'adresse au plus grand :

« Toi, va nous chercher un peu d'eau que nous boirons pour prendre patience. » L'enfant obéit et trouva sur l'escalier, près de la porte, une pièce de quinze sous !...

Ah! réjouissez-vous, fussiez-vous pauvre, quand vous perdez une pièce de monnaie; elle tombe dans le sein de la Providence, qui ne vous impose cette contribution que pour en faire profiter un plus pauvre que vous !

Lorsque cette femme apprit qu'on l'avait choisie pour berceuse et qu'elle gagnerait vingt-cinq sous par jour, elle se trouva mal de joie. Qu'il faut quelquefois peu de chose pour faire le bonheur d'une famille !

Un missionnaire.

M. l'abbé Tisserand, de Paris, missionnaire apostolique destiné pour la Guinée, s'était embarqué sur la corvette à vapeur *le Papin*, partie de Cadix, le 5 décembre 1845, pour se rendre au Sénégal.

Les deux premiers jours de la traversée, la mer était fort belle; la nuit suivante, le vent passant à l'ouest devint d'une violence extrême, et le

navire vint à échouer à neuf milles, au nord de la
ville de Mazagran, royaume de Maroc, sur une
côte de sable, à peu de distance de terre ; mais la
mer était si grosse que les manœuvres de sauve-
tage ne pouvaient s'exécuter.

Après avoir résisté pendant trois heures consé-
cutives aux plus violentes secousses, le navire était
plein d'eau, et son pont balayé par la mer.

Déjà deux officiers avaient péri dans leurs efforts
désespérés pour sauver l'équipage. M. l'abbé Tisserand, selon l'énergique expression d'un de ces
marins, *prit en brave le commandement du bateau
à vapeur en ruines, pour sauver les âmes s'il ne
pouvait sauver les corps.* Après s'être fortifié dans
une courte et fervente prière dont le recueillement
a fait impression sur tous les passagers, le missionnaire leur adresse la parole, il parle à tous et
à chacun d'eux, et ranime d'abord l'espérance des
plus effrayés.

Bientôt cependant, voyant le danger croître, et
ne pouvant dissimuler que quelques-uns probablement périront, il les presse d'invoquer la sainte
Vierge Marie, l'étoile qui ne pâlit jamais dans la
tempête ; il leur montre avec foi le Seigneur
Jésus qui, du haut des cieux, les a suivis sur les
flots ; il leur dit que ce Dieu tout miséricordieux
et tout-puissant acceptera leurs douleurs pré-

septes en expiation des oublis et des fautes de
leur existence entière, et que la récompense éternelle sera le prix de cette dernière épreuve s'ils
demeurent fidèles jusqu'à la fin. D'une voix qui
atteint au fond des âmes, il les conjure de se préparer, comme il se prépare lui-même, à paraître
devant Dieu, qui, peut-être dans un instant, va
les juger tous.

Tous, ou presque tous, accueillirent cette parole d'espérance et de vie, qui retentissait en présence de la mort; s'humiliant devant Dieu, au
milieu de ces terribles marques de sa puissance,
ils demandèrent et reçurent l'absolution. Ce missionnaire, cette voix, ce geste avaient quelque
chose d'inspiré; les matelots se souvinrent qu'ils
étaient chrétiens, ils voulurent mourir en chrétiens.

Un pauvre juif, qui se trouvait au nombre des
passagers, n'avait pas ce sentiment de foi ni cet
esprit de sacrifice qui rend le chrétien si ferme
contre la mort. Seul, sans consolation, presque fou
de désespoir, il protestait à haute voix qu'il ne
voulait pas mourir.

Tout à coup il se jette dans les bras de M. Tisserand, dont le tranquille courage semble lui pro-
mettre la vie. Fondant en larmes, il l'adjure de le
sauver. « Hélas, mon bon ami, lui dit le missionnaire en l'embrassant, je voudrais bien vous sauver,

mais je ne puis rien pour vous, même auprès de Dieu, puisque vous n'êtes pas chrétien. » Et il l'embrassa de nouveau, le regardant avec une profonde tristesse. Ce regard, rempli d'une indicible bonté, tombe sur le cœur de l'Israélite : « Mon Père, reprend-il un peu ranimé, si je recevais le baptême, obtiendrais-je aussi le pardon de mes péchés ? me promettez-vous que Dieu me recevrait aussi dans sa miséricorde après ma mort? — Je vous le promets, répond M. Tisserand ; oui, Dieu vous pardonnera vos péchés, par les mérites de Jésus-Christ, son divin Fils, qui est mort pour le juif et pour le gentil ; il vous fera miséricorde, pourvu que vous croyiez et que vous soyez baptisé. — Eh bien, mon Père, je crois comme vous, s'écrie avec transport le juif converti et déjà consolé ; mon Père, baptisez-moi !... » Aussitôt un passager, témoin de cette scène, se procure un vase plein d'eau, le présente au prêtre ; et celui-ci, au moment de quitter la vie, a la consolation de régénérer par le baptême un enfant d'Israël.

Peu d'heures après, le prêtre et le néophyte, engloutis par la même vague, parurent ensemble devant le Seigneur, pour y recevoir la récompense due à tant de foi et de charité.

Soixante-quinze personnes périrent dans ce naufrage, et soixante-seize furent sauvées, grâce au

courage de plusieurs marins, aux secours procurés
par des Arabes de la côte, et surtout par le zèle
digne d'éloge de M. Redman, agent consulaire
de France et d'Angleterre dans ces parages.

Un nouveau Samaritain.

On connaît la répulsion assez générale qu'inspirent au peuple les gendarmes, ces hommes utiles
et dévoués agents de la sûreté publique, et ordinairement choisis parmi les militaires les plus braves
et les plus rangés. C'est en opposition avec cette
injustice que nous nous empressons avec d'autant
plus de plaisir à mentionner le fait suivant, à la
louange d'un militaire de cette arme :

Le 24 février 1845, un gendarme de la résidence
de Sainte-Anne d'Auray, département du Morbihan,
parcourait pour affaires de service la route de Sainte-
Anne à Vannes, lorsqu'il aperçut dans un fossé
plein d'eau le corps presque inanimé d'une femme ;
s'empressant aussitôt de lui porter secours, il parvint à ranimer un peu cette infortunée, qui, domestique actuellement sans condition, avait entre-
pris à pied et sans ressources le voyage de Nantes

à Lorient, où elle comptait retrouver sa famille.

Tombée de fatigue et d'épuisement, elle aurait probablement péri dans cet endroit, sans la rencontre providentielle et les soins intelligents de son sauveur. Recommandée par lui à quelques personnes de son village où il parvint à la conduire, il veilla à ce qu'on lui procurât, en aliments, médicaments et soins, tout ce qui était nécessaire, et quand elle eut passé huit jours parmi ces honnêtes gens, jusqu'à ce qu'elle se fût parfaitement rétablie, ils se sont cotisés pour lui payer sa place à la voiture de Lorient. Ainsi le digne gendarme, non content de commencer une œuvre de miséricorde, ne l'a abandonnée que lorsqu'elle a été parfaitement accompli, imitant en cela le bon Samaritain, dont la conduite a mérité d'être louée par le Sauveur et proposée pour modèle d'une rare charité.

Le Great-Western.

C'est le nom d'un paquebot qui se rendait de Liverpool à New-York, s'étant mis en route pour cette dernière destination le 12 septembre 1845, ayant à son bord 211 personnes dont 126 passagers.

Après quelques jours de vent favorable, le samedi 19, il fut tout d'un coup assailli par une effroyable tempête. Après avoir perdu ses voiles et ses embarcations, il reçut plusieurs chocs si terribles, que l'eau fit bientôt irruption dans la machine et dans les salles. On peut juger de la terreur des passagers qui étaient alors couchés dans une obscurité complète. Les pompes furent mises immédiatement en jeu, mais avec peu de succès, car l'eau entrait par torrents.

Dans ce moment suprême, un ecclésiastique, se trouvant au nombre des passagers, administra les sacrements à soixante d'entre eux. On peut plutôt concevoir que de décrire l'effet de cette imposante cérémonie, rendue plus solennelle encore par le fracas des éléments déchaînés.

Jusqu'au lundi, la tempête ne fit qu'augmenter de violence, et vers cinq heures du matin, le navire, enveloppé par un tourbillon, fut pendant un moment à deux doigts de sa perte. Enfin, après avoir duré trente-six heures, la tempête s'apaisa, et vers deux heures de l'après-midi, la mer tomba.

Délivrés du péril imminent qu'ils venaient de courir, les passagers, pénétrés de reconnaissance envers la Providence, s'assemblèrent le mardi matin dans la cabine, et assistèrent au service divin offert en action de grâces de leur délivrance.

Dans une réunion subséquente, ils votèrent une lettre de remercîment au capitaine, dont le zèle et le sang-froid ne s'étaient pas démentis un instant, et qui avait été blessé en payant de sa personne dans l'exécution des manœuvres; puis ils souscrivirent une somme de deux cents livres sterling, qu'ils offrirent à l'équipage en priant le capitaine d'en accepter quatre-vingts. Ils créèrent en même temps un fonds destiné à venir au secours des veuves et des orphelins de ceux qui périssent en mer : ce fonds doit être appelé le fonds du *Great-Western*.

Si beaucoup de personnes échappent à de grands dangers, peu savent aussi noblement en témoigner leur gratitude à Dieu et aux hommes qui ont servi d'instrument à sa providence.

Martyrs de la charité.

Le zèle et l'ardeur de la charité chrétienne ont fait, il y a quelques années, quatre martyrs au couvent du Grand-Saint-Bernard. Un religieux et trois domestiques de cette maison ont été ensevelis sous les neiges. Ces domestiques étaient Valaisans, et le religieux qui a péri avec eux est M. le chanoine

Cart, qui était de Sallanches-en-Faucigny. C'est
par une énorme avalanche partie du Mont-Mort, à
l'est de l'hospice, qu'ils ont été tous quatre ensevelis.
Ce déplorable événement a causé dans tout le pays
une douloureuse sensation : le digne religieux était
connu depuis bien des années pour être spécialement chargé de recevoir les nombreux voyageurs,
qui ont toujours eu à se louer des soins empressés
avec lesquels il exerçait la plus attentive hospitalité
envers le riche comme envers le pauvre, qui étaient
l'un comme l'autre l'objet d'égales prévenances.
C'est ce qu'on entendait proclamer partout à la
louange du religieux de Saint-Bernard et de celui
qu'ils avaient préposé à la réception des voyageurs
qui visitent ce célèbre hospice.

Cette année (1845) presque tous les domestiques de la maison étaient nouveaux. Il s'agissait
de tracer et de jalonner la route, le long de la
Combe, du côté de Valaise. M. le chanoine Cart,
qui était courageux, robuste, et l'un des plus in-
trépides pour braver les orages et secourir les
voyageurs, était allé diriger l'opération : on savait,
dès la veille, qu'il devait arriver des voyageurs ce
jour-là; il est donc mort avec ses trois compagnons
dans le saint exercice de l'hospitalité et de la charité
fraternelle. Le corps de M. Cart a été retrouvé le
lendemain au soir, la main droite élevée comme

pour bénir, et l'on a pu en conclure que, se voyant perdu, lui et ses trois compagnons, il aura eu la présence d'esprit de vouloir consacrer les dernières forces de son existence à leur donner l'absolution générale : ainsi sa dernière pensée a été pour accomplir un acte sublime de charité.

L'orpheline voyageuse.

Un pauvre ménage de cultivateurs allemands, ayant peine à vivre dans leur patrie, s'imaginèrent qu'en changeant de résidence ils seraient plus heureux ailleurs. Dans l'espoir de faire leur fortune, ils se rendirent en Afrique, emmenant avec eux leur unique enfant, la petite Jenny. Arrivés dans la province d'Oran et à peine installés sur la chétive concession coloniale qui leur avait été faite, les pauvres émigrants eurent tout lieu de se repentir de la détermination qu'ils avaient prise : la femme mourut de la fièvre maligne qui dans ce climat attaque si souvent les Européens. Peu de temps après, le père fut tué, avec l'un de ses compatriotes, en revenant du marché d'Oran, dans une embuscade tendue par les Arabes pillards.

La malheureuse petite orpheline, restée seule dans cette contrée étrangère, n'eut plus qu'un désir, celui de revoir son pays et d'y retrouver les proches qu'elle y avait laissés. Mais comment faire pour se mettre en route, si jeune, sans argent, sans protecteur?...

Le capitaine d'un navire marchand, touché de sa situation, la prit par charité à son bord; mais arrivé à Marseille, il l'abandonna à la Providence. La pauvre petite trouva le courage d'entreprendre à pied la route de Marseille à Paris en implorant la pitié publique. Arrivée dans la capitale, où elle se trouvait confondue avec un si grand nombre de pauvres, les secours et les forces lui manquèrent. Exténuée de besoin et de fatigue, elle fut trouvée couchée la nuit sur les marches d'une église, où elle s'était évanouie en implorant la protection du Père des pauvres et des orphelins qu'on retrouve en tous les pays.

Mais son cri de détresse avait été entendu d'en haut : recueilli par une ronde de sergents de ville, la petite fille, conduite à la préfecture de police, raconta sa touchante histoire, qui, venue aux oreilles d'une dame charitable, lui inspira le désir de venir au secours de son infortune. Cette dame a fait remettre à l'orpheline une somme suffisante pour qu'elle pût effectuer sans fatigues ni dangers son retour au milieu des siens.

Quoique cette histoire paraisse assez naturelle, elle a cependant trop besoin d'imitateurs pour qu'il soit inutile d'en faire mention.

Un membre de la Conférence de S.-Vincent de Paul.

« O Paris, cité étonnante ! s'écriait M. l'abbé Dupanloup dans un de ses sermons, toi qui renfermes toutes les extrémités des choses humaines dans ton sein, où les raffinements du luxe sont surpassés encore par les horreurs de la misère ! ô Paris, je dois le dire à ta louange, à la gloire du christianisme, les excès de ton luxe sont du moins égalés par ton zèle pour la charité ! »

Paris renferme un très-grand nombre d'associations charitables, et elles tendent sans cesse à se multiplier. Sans parler des plus anciennes, qui sont universellement connues, ni de celles dont nous n'avons qu'une connaissance trop imparfaite, disons un mot de celles sur lesquelles nous avons des notions récentes et authentiques :

Aux premiers rangs brille celle de Saint-Vincent

de Paul, si toutefois on peut se servir de ce mot *briller*, en parlant de l'association modeste qui fait tant de bien en secret, laissant à la religion qui l'inspire tout l'honneur de ses œuvres.

La société qui a pris pour patron le héros le plus parfait de la charité chrétienne, se compose principalement de jeunes gens qui consacrent leurs loisirs à visiter, moraliser et soulager les indigents. Ils s'insinuent dans les familles pauvres, pour en faire mieux connaître les besoins matériels et moraux, et y remédier avec connaissance de cause, aidant ainsi le zèle des ecclésiastiques, suppléant à l'insuffisance de leur nombre et aux détails dans lesquels des fonctions plus générales ne leur permettent pas toujours d'entrer.

Un jeune homme affilié à la société de Saint-Vincent de Paul, quoique appartenant à une des classes les plus dissipées de Paris, un étudiant du quartier latin, avait remarqué, en visitant les pauvres de son district, dans une maison du faubourg Saint-Marcel, une porte souvent entr'ouverte devant laquelle il lui fallait passer chaque fois et qui laissait apercevoir un bien pauvre ménage. La misère que ce jeune homme avait occasion de remarquer dans ce triste domicile le frappait toujours et excitait vivement son intérêt ; mais, ses habitants ne réclamant rien et n'étant pas inscrits parmi les protégés

de l'association, le jeune homme n'avait pas mission de se présenter chez eux.

Cependant ce n'était jamais sans un sentiment
de regret que ce bon jeune homme passait devant
cette porte entre-bâillée, sur le seuil de laquelle
il remarquait de petits enfants dont la figure intelligente l'attirait malgré les souillures dont ils
étaient couverts.

Une caresse à ces enfants, quelques mots qu'il
leur adressa, accompagnés une autre fois d'images
ou de dragées, telles furent les premières avances
de celui qui n'avait d'autre intérêt à ces démarches
que de rendre plus heureuse une famille qui lui
semblait loin de l'être. De la connaissance des
enfants, il en vint à faire celle de la mère, qui
fut assez flattée de voir un beau monsieur témoigner tant de bienveillance à sa progéniture. Il lui
fit compliment de ses beaux enfants ; la conversation s'établit, et bientôt après la confiance. Ques-
tionnée par le zélé visiteur sur sa position, la
bonne femme répondit que son mari était chiffonnier, et qu'elle-même l'avait longtemps aidé dans
l'exercice de cette profession ; mais depuis qu'elle
avait des enfants, et surtout le plus jeune, âgé
seulement de quelques mois, qui réclamait ses
soins continuels, elle ne pouvait plus s'absenter
de chez elle, ce qui leur causait un grand préju-

dice et laissait peser sur le mari seul la charge de gagner la vie à toute sa famille. « Ah ! monsieur, ajouta-t-elle, l'état est bon, mais il faut des bras. Si j'avais seulement trois heures de libres par jour, cela me permettrait d'aider mon mari, et nous ferions de bonnes affaires ! »

Pressé par le plus généreux dévouement, le jeune homme offrit à cette femme de venir la remplacer lui-même tous les jours pendant trois heures auprès de ses enfants ; elle accepta sans façon, et le voilà installé remplissant les fonctions de garde et de berceuse. D'abord il s'appliqua à les nettoyer, puis à les instruire ; plusieurs mois se passèrent de la sorte, pendant lesquels, pour parvenir à développer l'intelligence de ses élèves, l'étudiant fut obligé de se livrer à un prodigieux exercice de patience, ne trouvant en eux aucune des notions les plus simples, que les parents n'avaient pu leur donner, ne les possédant pas eux-mêmes.

Malgré sa grossièreté, le chiffonnier ne put s'empêcher de s'apercevoir de l'espèce de culture que recevaient ses enfants ; il en fut étonné, et questionna sa femme au sujet de la personne à qui il en avait obligation, et qu'il n'avait jamais rencontrée, se trouvant toujours occupé au dehors aux heures où elle venait chez lui.

« Je ne saurais vous rien dire à son sujet, dit la chiffonnière; ce monsieur m'impose tant par sa gravité, quoiqu'il soit fort doux, que je me sens mal à l'aise avec lui, et aussitôt qu'il arrive, je me hâte de sortir et de lui céder ma place. »

L'homme alors eut la curiosité d'en juger par lui-même. Soit par hasard, soit à dessein, il se trouva un jour au logis à l'heure où le jeune homme devait venir.

« C'est donc vous, lui dit-il, qui éduquez comme ça nos enfants? pourquoi donc que vous faites ça?

— C'est pour faire leur bonheur et le vôtre, en les rendant sages et vertueux.

— Que gagnez-vous à cela? qui est-ce qui vous paie?

— J'obéis à Jésus-Christ, qui a donné son sang pour nous, et c'est de lui que j'attends ma récompense.

— Jésus-Christ! qu'est-ce?... Je ne connais pas.... »

Alors, dans une exposition à la fois précise et complète, le jeune étudiant, véritablement inspiré, développa à ce pauvre ignorant tous les principes fondamentaux de la morale chrétienne, depuis le dogme d'un Dieu créateur du monde et celui de la chute de l'homme, jusqu'à celui du Christ réparateur de notre nature déchue, et toutes les autres vérités qui s'y rattachent. La grâce accompagnait ses paroles; il fut écouté, il fut compris. Il avait su toucher et convertir.

Depuis ce temps, l'on peut remarquer tous les dimanches, à l'église Saint-Etienne-du-Mont, la famille du chiffonnier, pieuse et recueillie, assistant à tous les offices de cette paroisse.

Le jeune homme a été récompensé de son ardente charité par la plus noble de toutes les vocations : celle de se vouer à l'état ecclésiastique.

Société de Saint-François Régis.

La société de Saint-François Régis a pour objet de régulariser la famille et de légitimer les enfants en facilitant le mariage civil et religieux aux personnes que l'ignorance ou la pauvreté ont entraînées à vivre dans une union illicite.

Les associés de Saint-Vincent de Paul recherchent et moralisent ces malheureux, les disposant à recevoir un sacrement dont ils n'avaient pas compris l'importance, puisqu'ils manquent souvent de toute espèce de notions religieuses. La société

de Saint-François Régis se charge de tous les
frais nécessaires aux formalités exigées, de faire
venir les papiers, etc., et de toutes les dépenses
qui en résultent, de manière que, dociles à leur
guide, les pauvres gens objets de leur zèle n'ont
qu'à se prêter à remplir les conditions religieuses
que demande le sacrement de mariage et auxquelles
on s'applique à les préparer.

Outre les bienfaits d'une position légale et régu-
lière qui résulte pour eux et leur famille de cette
salutaire entreprise, elle a aussi pour conséquence
ordinaire une réaction morale dans l'esprit de ces
êtres grossiers, qui ne sont souvent vicieux que
parce qu'on n'a jamais appelé leur attention sur
les devoirs que la religion impose. Si jamais des
personnes assez peu éclairées pour ne pas sentir
l'importance de la sanction religieuse pour le mariage pouvaient blâmer le zèle de ceux qui cherchent à la procurer, et en contester l'utilité au
point de vue de la morale purement humaine,
on pourrait leur répliquer par le récit du fait
suivant :

Un pauvre ménage qui se trouvait dans la position irrégulière que nous venons de mentionner,
quoique ayant déjà plusieurs enfants, demeurait
à Paris, paroisse de la Madeleine ; comme il arrive
le plus souvent, une grossière ignorance avait la

plus grande part au désordre de ces malheureux.
Découverts par la société de Saint-Vincent de Paul,
aidés par celle de Saint-François Régis, ils se dis-
posèrent sous leurs auspices à remplir tous les
actes nécessaires pour régulariser et sanctifier leur
union.

La nécessité de les instruire suffisamment de
tous leurs devoirs de chrétiens, avant de les ad-
mettre à la participation des sacrements, retarda
la cérémonie du mariage religieux de quelques jours,
après celle du mariage civil ; déjà ils s'étaient con-
fessés à l'un des vicaires de leur paroisse, mais ils
avaient été remis à un peu plus tard pour recevoir
l'absolution.

Durant cet intervalle, le mari, revenant un soir
de son travail, trouva dans la boue un petit paquet
de papier que, ne sachant pas lire, il prit pour
des images, et les ramassa pour les donner à ses
enfants. Sa femme les examina sans y rien comprendre davantage ; mais elle exprima des doutes
sur la nature et la valeur de ces papiers, et les
retira des mains des enfants:

En se communiquant leurs observations, les
deux époux, de plus en plus intrigués au sujet de
ces papiers, se décidèrent à demander conseil sur
la valeur qu'ils pouvaient avoir : l'homme les
porta chez un voisin qui savait lire, et qui lui

dit que sa fortune était faite et que c'étaient cinq
billets de banque de mille francs chacun.

L'ouvrier revint apprendre cette grande nouvelle
à sa femme, qui en éprouva plus d'inquiétude que
de joie. « Ces papiers ne sont pas à nous, dit-elle :
pouvons-nous nous permettre de les garder, surtout à présent que nous revenons de confesse, que
nous devons y retourner ? il me semble que ce ne
serait pas bien dé nous les approprier. »

Le mari partagea les scrupules de sa femme, et
tous deux, d'un commun accord, décidèrent qu'il
fallait consulter le prêtre qui leur servait de directeur.

Mais depuis peu de jours cet ecclésiastique avait
été changé de résidence; il avait été nommé à
Saint-Jacques-du-Haut-Pas, c'est-à-dire à plus
d'une lieue du quartier que ces pauvres gens habitaient.

La soirée était fort avancée, et il semblait rai-
sonnable de remettre cette affaire au lendemain;
mais la femme, de plus en plus tourmentée, déclara qu'elle ne serait pas en repos si ces valeurs
passaient la nuit chez elle ; elle craignait une ten-
tation, un retour sur la bonne résolution qu'ils
avaient prise; elle pria son mari de garder les
enfants, et courut à Saint-Jacques-du-Haut-
Pas pour remettre le dépôt dans les mains de

l'ecclésiastique, qui précisément se trouva absent, retenu par les devoirs impérieux de son ministère.

Ne trouvant pas que cette circonstance fût suffisante pour lui faire remporter son dépôt, cette femme délicate chercha d'autres mains sûres à qui elle pût le confier, se réservant à revenir le lendemain rendre compte de cette affaire à son confesseur.

Les billets furent restitués à qui de droit. Sans doute ces honnêtes gens auront été gratifiés d'une récompense dont ils ont pu jouir sans remords.

On ne peut méconnaître ici l'influence de ces deux confessions passée et future par lesquelles ces pauvres gens se disposaient au sacrement de mariage, et faute desquelles ils n'auraient peut-être pas eu assez le sentiment de leur devoir, et surtout celui de la crainte de Dieu, pour résister à la séduction de ce qui était pour eux une grande fortune.

———

Association des institutrices sous le patronage de Marie.

La classe des institutrices, l'une des plus utiles et des plus respectables de la société, est assurément l'une des plus malheureuses. Les sous-maîtresses surtout, obligées d'user leur jeunesse dans le plus pénible et le plus ingrat travail, n'ont le plus souvent pour perspective qu'une misère encore plus affreuse à la fin de leurs jours.

Et les maîtresses d'institution, que de charges, que de soucis n'ont-elles pas ? Quand elles réussissent, c'est bien péniblement et au prix de tous les sacrifices ; mais le plus grand nombre ne réussit pas, et en récompense de leur opiniâtre labeur, il leur reste souvent des dettes qu'elles ne peuvent acquitter.

Les gouvernantes admises à faire dans les familles quelque éducation particulière, sont en apparence plus heureuses, et pourtant il s'en faut de beaucoup qu'elles le soient : c'est à elles surtout qu'il n'est pas permis de vivre un seul instant pour elles-mêmes ; si leur besogne est moins forte, leur responsabilité ne leur laisse jamais de relâche. Placées sous le contrôle immédiat des parents, entre leurs exigences et les caprices d'enfants souvent gâtés, leur rôle est des plus difficiles, leur position souvent fausse. Elles sont isolées au milieu du monde, où elles n'occupent qu'un rang subalterne ; elles n'ont avec personne le bénéfice de l'égalité, et doivent refouler tout abandon au fond de leur cœur. Leur abnégation doit être de tous les instants, leurs convenances personnelles toujours comptées pour rien, et l'on exige d'elles toutes les vertus, tous les talents.

Et après avoir rempli pendant une dizaine d'années ces fonctions dans une famille, que deviennent-elles, si cette famille reconnaissante ne leur assure un sort ou au moins un dédommagement de la place qu'elles perdent, l'éducation étant terminée? n'ont-elles pas perdu avec leur jeunesse leurs plus grands avantages? trouvent-elles aisément une nouvelle position ?

C'est pour apporter quelque soulagement aux malheurs de cette classe intéressante de la société, et en même temps pour donner plus de sécurité aux familles qui savent apprécier l'importance de l'éducation chrétienne, que M. Faudet, curé de Saint-Etienne-du-Mont à Paris, a eu l'idée d'établir une pieuse association d'institutrices sous la protection de la sainte Mère de Dieu. Les conditions exigées pour faire partie de cette association sont une réunion de certificats si honorables et à la fois si authentiques, constatant la moralité et les habitudes chrétiennes de la postulante, qu'il ne semble pas probable que la confiance des personnes qui iront chercher des institutrices à cette source soit jamais trompée.

Une courte prière tous les jours et une légère rétribution tous les ans sont les seuls devoirs im-

posés aux associées ; cette rétribution qui n'est
que de cinq francs pour les maîtresses d'étude, de
dix francs pour celles de première classe, et de
quinze pour les maîtresses d'institution et les gouvernantes, constitue un fond qui est employé à
procurer un asile momentané aux institutrices sans
place, à procurer les moyens d'étudier à celles qui
en auraient besoin pour obtenir leur diplôme.
Enfin, lorsque les fonds seront plus considérables,
l'association, qui n'est encore qu'à sa naissance,
espère parvenir à procurer une retraite aux institutrices âgées qui ne pourront plus travailler.

Nous croyons rendre service aux familles et aux
institutrices de province, en leur indiquant cette
association, et en les avertissant que pour se mettre
en rapport avec elle, il faut s'adresser à la vice-
présidente, rue des Postes, impasse des Vignes,
n° 3. Cette dame reçoit les lettres et les visites
tous les jours y compris les dimanches et fêtes,
d'une heure à trois heures.

Trait de charité d'une jeune sous-maîtresse.

Tout acte de charité est honorable et digne d'être cité pour modèle, puisque Notre-Seigneur lui-même nous apprend le cas qu'il daigne faire d'un verre d'eau donné en son nom.

Nous nous permettrons de faire remarquer que cet acte acquiert un mérite de plus quand il est exécuté par une personne malaisée et au prix de sacrifices ; il marque alors plus de foi et de confiance en la Providence, sur qui l'on semble compter pour suppléer à ce dont on se prive pour l'avenir.

Une jeune personne qui venait d'entrer, à titre de sous-maîtresse, dans un modeste pensionnat de la banlieue de Paris avec des appointements insuffisants pour son entretien, avait reçu, comme dernier sacrifice de ses parents peu aisés et chargés d'une nombreuse famille, un trousseau bien fourni qui lui permettait d'espérer qu'elle serait longtemps sans avoir de dépenses à faire.

Dans la même pension se trouvait, à titre de lingère, une jeune femme qui avait été dans une position meilleure autrefois, mais que sa pauvreté actuelle et la nécessité d'élever son enfant avait réduite à accepter ces fonctions, en échange desquelles elle était logée, nourrie, elle et sa petite fille, qui recevait son éducation dans l'établissement.

Cette situation paraissait assez avantageuse à la pauvre mère pour qu'elle fît tous ses efforts pour mériter de la conserver par son zèle pour des fonctions qui lui étaient peu familières. Cependant il lui restait beaucoup à désirer ; car elle n'avait aucun salaire, et se trouvait dans l'impossibilité de renouveler ses vêtements délabrés, dont l'aspect la rendait vraiment digne de pitié.

Quoique la moins rétribuée des sous-maîtresses, Mlle M. D... dont nous avons parlé, fut la première qui s'intéressât au sort de cette infortunée, et sans calculer si elle n'en aurait pas bientôt besoin pour elle-même, elle s'empressa de lui offrir un vêtement décent et complet, robe de mérinos, souliers, collerette, etc. L'impulsion étant donnée, l'exemple fut bientôt suivi par les autres sous-maîtresses ; la directrice de l'établissement y ajouta aussi son offrande.

Désormais convenablement vêtue, la jeune dame parut en état d'occuper un poste plus élevé qui vint à vaquer dans la même maison ; sans les dons qu'on lui avait faits, elle n'aurait pas pu s'y pré-

senter. Elle y fut installée, et c'est à Mlle M. D...
qu'elle doit l'initiative de cet avantage, qui peut
avoir une si grande influence sur toute sa vie.

———

Société de patronage des aliénées.

« Toutes les folies des femmes peuvent se
guérir par la religion, » disait un ecclésiastique
expérimenté. D'autres personnes objecteront que
dans une maison d'aliénées il se trouve un grand
nombre de femmes à qui des scrupules religieux
ont tourné la tête; mais le scrupule ne provient
que de l'orgueil ou de l'ignorance : c'est donc
l'insuffisance, et non, comme on le prétend, l'excès
des sentiments religieux, qui a égaré ces infortunées.

Affermir la raison des convalescentes d'aliénation
mentale, les prémunir contre la misère et toutes ses
funestes conséquences, les moraliser, les protéger
contre les préventions de leurs familles et de la
société, les faire accepter pour ce qu'elles sont de-
venues, des êtres raisonnables que le malheur a
rendus sacrés pour tous, les suivre partout afin
d'amortir les causes de rechute et de parer aux
premiers symptômes qui pourraient se manifester,

patronner les enfants comme les mères, pour
donner à leurs idées, à leurs sentiments la direc-
tion la plus convenable et empêcher ainsi le développement des prédispositions héréditaires : telle
est l'œuvre d'humanité, de morale, de religion
et de science que l'on cherche à réaliser. Cette
société est sous la présidence de Mgr l'archevêque
de Paris.

Quelle institution mérite mieux d'obtenir le
concours et l'appui de tous ceux dont la charité intelligente et réfléchie cherche non-seulement à soulager les misères présentes, mais à
remédier aux causes mêmes qui peuvent les re-
produire?

Société de patronage.

Enoncer simplement le but de cette œuvre,
c'est en faire l'éloge; c'est lui concilier toutes
les sympathies des âmes généreuses, à quelque
croyance qu'elles appartiennent. En effet, l'œuvre
s'applique : 1° aux jeunes filles venues de province à Paris pour y trouver un travail honnête,
et qui, n'ayant pu le trouver, sont menacées de
tomber dans la misère ou dans le désordre; 2° aux

femmes demeurées sans moyens d'existence par suite de l'abandon ou du décès de leurs maris, et qui auraient en province des parents pouvant leur donner un asile. L'œuvre a pour objet de renvoyer dans leurs familles ces femmes qui n'auraient pas le moyen de faire les frais du voyage. L'œuvre éloigne de Paris, pour ramener à la vie humble et paisible du lieu de naissance ; elle combat cet attrait dangereux qui pousse vers la grande cité des jeunes filles qui viennent s'y exposer sans défense et sans ressources suffisantes.

Cette œuvre a dû appeler l'attention de l'autorité, et les encouragements ne lui ont pas manqué. C'est ainsi que peu de mois après son institution, M. le ministre de l'intérieur a alloué à cette œuvre une somme de mille francs ; c'est ainsi encore que l'année suivante (1846) le conseil municipal de la ville de Paris, sur le rapport de M. le préfet de la Seine, a voté une somme de cinq cents francs en sa faveur. D'autre part encore, M. le préfet de police y a vu, dès le principe, un moyen heureux et recommandable de diminuer à Paris les sources du vagabondage et du désordre, et de préserver les femmes encore honnêtes des piéges qui sont placés sous les pas de la misère. Aussi la correspondance de ce magistrat, et une circulaire adressée par lui aux com-

missaires de policé de Paris, témoignent du concours et de l'appui qu'il veut bien prêter à cette
société.

La religion, de qui ressort tout ce qui est bon
et à qui l'on doit la première pensée de cette institution ; ne pouvait manquer de lui prêter son concours dans la suite. Aussi, des assemblées de charité
ont-elles eu lieu en sa faveur, des voix éloquentes
y ont été entendues, et les noms les plus honorables
sont cités parmi ceux des personnes pieuses qui ont
recueilli les offrandes.

Le mécanisme de l'œuvre, si l'on peut s'exprimer ainsi, a été jusqu'ici fort simple. Des lettres
d'envoi, imprimées, sont remises chez chacun de
MM. les commissaires de police de Paris. Un cer-
tain nombre de ces lettres est également mis à la
disposition de MM. les curés et des membres de
l'association. Lorsqu'une femme munie d'une de
ces pièces ou d'une pièce équivalente est adressée
au secrétaire général de la société, on vérifie d'a-
bord, par les renseignements produits, si cette
femme est placée dans les conditions prévues. Si,
ce qui arrive le plus souvent, ces renseignements
suffisent pour apprécier l'exactitude des faits et
l'utilité du secours invoqué, le secrétaire général
se fait délivrer, par l'une des entreprises de transport avec lesquelles la société s'est mise à cet effet

en rapport, un bulletin de départ pour la récla-
mante et pour une destination désignée. La femme
ainsi renvoyée est conduite par les soins de l'association au bureau de la diligence, à l'heure du
départ, etc.

Ainsi, grâce à une sage organisation, cette
société a veillé à ce qu'on ne pût abuser de ses
secours : personne n'est accueilli sans garantie ou
sans renseignements ; le prix de la place n'est
jamais remis à la femme renvoyée ; le départ est
assuré et obligatoire. Ce sont là autant de causes
qui lutteront contre la pensée d'abuser de l'œuvre
et de surprendre sa charité.

Les ouvriers de Villebois.

Voici un fait qui rappelle la ferveur et le dévouement des peuples du moyen âge, auxquels
nous devons ces étonnantes basiliques que l'art,
rétréci par l'égoïsme de notre siècle, ne peut plus
imiter aujourd'hui.

La commune de Villebois (département de
l'Ain) réclamait une église. Tous les habitants, la
plupart tailleurs de pierre, ont voulu concourir à

la construction de cet édifice. Tous y ont aidé de leur bourse ou de leurs bras, sans en excepter les femmes et les enfants. Une sainte émulation les animait, c'était à qui ferait le plus et le mieux. Les maîtres donnaient les matériaux, les ouvriers leur temps. Plus de repos, plus de plaisirs : tous les loisirs de cette excellente population sont employés aux travaux de l'église.

Deux frères, simples ouvriers, ont taillé à eux seuls deux colonnes, avec socle, base et chapiteau ; un maître de Villebois a fait faire, à son propre compte, un chapiteau qui exigeait plus d'un mois de travail. L'ouvrier qui l'a exécuté, ne voulant pas montrer moins de zèle, prenait à peine le temps de ses repas.

Cet exemple a été presque surpassé par les ouvriers du hameau de Bonis, dépendant de la même paroisse : ils se sont rassemblés, cotisés, et ont déclaré qu'ils voulaient faire les chapiteaux avec taille et moulures de l'un des côtés de l'église : ils ont tenu parole, et les chapiteaux, faits et posés avec la même rapidité que ceux des ouvriers de Villebois, ne leur cèdent en rien pour le mérite de l'exécution ; et cependant ce sont des chapiteaux ornés, pour lesquels, dans toute autre localité, il eût fallu appeler les sculpteurs ; mais les ouvriers de Villebois et de Bonis n'ont voulu partager avec

personne l'honneur de ce travail ; ils ont tenu à ce
que ce fût leur œuvre entière. Il serait difficile
de citer un exemple plus frappant de l'influence
des idées chrétiennes sur les arts.

Une femme forte.

C'est un beau spectacle que celui d'une mère
de famille, indifférente aux plaisirs extérieurs du
monde pour se renfermer dans le cercle de ses
devoirs et faire le plaisir de ce qui l'entoure, et
après avoir abondamment pourvu les siens de tout
ce qui leur est nécessaire pour l'âme et pour le
corps, sachant encore ménager un superflu dont
elle fait profiter le pauvre ; mais ce spectacle n'est-
il pas plus touchant encore quand la gêne de sa
position pécuniaire est telle que ce n'est qu'au prix
d'efforts surhumains qu'elle obtient un tel résultat ;
quand, dispensée par sa pauvreté de faire l'aumône,
elle trouve dans sa compassion pour les misères
d'autrui, et dans la ferveur de son courage et de
son abnégation, toute sorte de raisons et de moyens

4

de le faire, moyens que ne soupçonnent pas seulement l'indolence et l'insensibilité.

Madame R... est une de ces mères de famille qui, sans ressources suffisantes, vient à bout d'allier les plus belles œuvres de charité à l'accomplissement des plus laborieux devoirs.

Quoique élevée dans une condition meilleure, cette courageuse femme s'était soumise, à la suite de revers, à l'humble profession de charbonnière, qu'elle exerçait en payant de sa personne et en ne dédaignant pas les plus pénibles détails de son commerce. Quoique déjà chargée alors de quatre enfants, madame R... ne tarda pas à devenir la providence de tout le quartier, alimentant à crédit, quand il y avait lieu, le foyer de plus d'un pauvre ménage, et surtout des vieillards, des malades, des grandeurs déchues, quoiqu'elle fût souvent convaincue qu'elle ne serait jamais rétribuée ; n'importe, en cela seulement elle était faible, et trouvait même une jouissance à soulager des misères si dignes de pitié.

Une personne qui avait beaucoup éprouvé sa générosité, prouva qu'elle savait la juger, en venant un jour implorer sa bienfaisance en faveur de voisins plus malheureux encore.

C'était un homme de lettres et sa femme ; le premier, malade depuis fort · longtemps, avait

accumulé beaucoup de dettes durant cette maladie ;
ses créanciers venaient de lui vendre tout ce qu'il
possédait ; et l'un d'eux, encore plus dur que les
autres, s'était installé chez son débiteur l'accablant
d'invectives, et refusant de se retirer jusqu'à ce
que le reste de sa dette fût soldé.

Informée par cette voisine de la situation de ces
malheureux époux, madame R..., quoique gênée
elle-même, se hâta de payer ce que réclamait l'impitoyable créancier, et, ne voulant pas laisser sa
bonne œuvre imparfaite, elle donna asile au malade ainsi qu'à sa femme, les nourrit, pourvut aux
médicaments, etc., durant environ dix-huit mois,
jusqu'à ce que, rétabli, le malade fut en état de
reprendre un domicile.

Ce qui augmente le mérite de madame R... en
cette circonstance comme en beaucoup d'autres
semblables, c'est que, étroitement logée, comme les
commerçants le sont en général à Paris, elle manquait surtout de place, et pour loger ses deux
personnes, elle fut obligée d'installer sur une
commode le lit d'un de ses enfants dont elle leur
céda la place. De même que la nécessité, la charité
rend inventif.

Plus tard, Mᵐᵉ R... recueillit chez elle un pauvre
idiot, aussi disgracié de corps que d'esprit, qui,
depuis un an, n'avait pour lit que du fumier, sou

un hangar exposé aux injures de l'air, et disputait aux animaux leur vile nourriture. D'où venait-il ? Personne ne le savait ; il n'avait point de nom connu, et ne s'exprimait que par une sorte de grognement inintelligible.

Mme R.*., après avoir remplacé par de bons vêtements les haillons de ce malheureux, l'installa dans sa boutique, et s'appliquant à développer sa grossière intelligence, elle y réussit assez bien pour le rendre capable de gagner son pain. Elle le garda ainsi pendant deux ans, jusqu'à ce qu'attaqué d'une maladie grave, il mourut en bénissant sa bienfaitrice.

Mme R... avait dans sa clientèle une jeune fille de quinze ans, enfant abandonnée par sa mère, et qui, sans famille, sans appui, était parvenue à se créer par son travail et son intelligence d'honnêtes moyens d'existence ; mais, exposée à toutes les séductions, la pauvre enfant, qui manquait de conseils et de principes solides à y opposer, avait fini par succomber.

Abandonnée bientôt après, atteinte d'une maladie mortelle qui consumait lentement ses jours et ses ressources, l'infortunée, en proie à toutes sortes de besoins, vendait peu à peu tout ce qu'elle possédait, jusqu'à ce que, n'ayant plus rien, elle se réfugia dans un cabinet garni dont, ne pouvant en payer le loyer, elle fut expulsée, mourante, au bout d'un mois.

L'idée d'entrer dans un hospice inspirait la plus forte répulsion à la malheureuse Ernestine. Tout en pleurs et pouvant à peine se soutenir, elle se traîna, par un temps de neige et de froid piquant, jusque chez Mme R..., à qui elle devait déjà un compte de bois et de charbon montant à plus de cent francs.

Cette généreuse femme fit tout de suite payer le propriétaire, et installa la malade dans une petite chambre qu'elle avait au sixième étage; là elle entretenait un bon feu, faisait venir un médecin, fournissait des médicaments, et prolongea ainsi l'existence de la pauvre poitrinaire.

Mais enfin le mal empira au point que Mme R..., obligée de veiller à son commerce, dut appeler une Sœur de Bon-Secours au chevet de la malade. Cette Sœur lui donna gratuitement des soins, mais c'était une personne de plus que Mme R... avait à nourrir.

M. le curé de Saint-Sulpice, ayant appris le beau dévouement de Mme R... en faveur de la jeune malade, en fut vivement touché et voulut contribuer à cette bonne œuvre. La jeune fille approchait du moment suprême; sa bienfaitrice n'épargna rien pour la déterminer à accepter les

secours de la religion, qu'elle reçut avec une ferveur et une édification qui devaient effacer les fautes
de sa vie et qui amenèrent des consolations inconnues dans cette mansarde où elle commu-
niait pour la première fois. Mme R... compléta ses
bienfaits en faisant inhumer honorablement la
jeune fille qu'elle avait soignée durant plusieurs
mois ; et, comme dernière marque de ses bienfaits,
elle fit placer sur sa tombe une simple croix que
l'on peut voir encore au cimetière du Sud, et où
sont tracés ces mots : « ERNESTINE, MORTE A DIX-
SEPT ANS. »

La chambre d'Ernestine a été depuis occupée
par une pauvre veuve sans asile. On ne finirait
pas si l'on détaillait tous les actes de charité de
Mme R... Depuis ce temps, ayant été obligée de
quitter son commerce, devenue elle-même très-
malheureuse, il faut qu'elle fasse des prodiges
d'industrie pour élever sa famille avec des ressources tout à fait insuffisantes ; mais en travaillant
pour son mari et ses enfants, Mme R... n'oublie pas
encore ses pauvres. Elle trouve l'art de confec-
tionner, avec des lambeaux, des vêtements assez
confortables soit pour elle et les siens, soit pour
d'autres malheureux. Ne pouvant plus donner le
pain qui lui manque souvent, elle partage encore
son logement avec ceux qui n'en ont pas. Quoique

manquant de tout, on ne la voit pas se fâcher
contre ceux qui lui doivent, mais elle accepte volontiers leurs excuses et préfère souffrir que d'user
de rigueur envers eux. C'est avec un caractère toujours égal qu'on la voit lutter contre la misère et
relever le courage parfois abattu de son mari et
de ses enfants. Femme noble par le cœur, elle
mérite bien qu'un changement dans sa position la
mette à même d'exécuter les charitables projets
qui l'occupent encore plus que ses satisfactions
personnelles, ou plutôt elle n'en connaît point
d'autres.

L'ange gardien.

Nous avons sous les yeux le grand exemple de
ce que peut auprès du Ciel une femme vertueuse
qui ne sort pas des limites assignées à son sexe;
une femme qui se borne à remplir ses devoirs
d'épouse et de mère, qui prie, souffre et se tait,
faisant en secret tout le bien qui lui est possible.
Combien de fois les coups dirigés contre son époux
ont été miraculeusement détournés ! Lui-même
reconnaît qu'il le doit à la protection dont l'en-

toure la piété de son épouse, et il la proclame publiquement son bon ange.

C'est une grande leçon et un puissant motif d'encouragement pour les femmes chrétiennes. Voilà le modèle qu'elles doivent suivre, et une partie de la récompense qu'elles doivent espérer !

Emeute dissipée.

Au milieu des tristes tableaux que présente la misère qui afflige les populations de l'Irlande, une scène touchante s'est passée à Nenach, au comté de Tipperary, et mérite d'être signalée. Douze à quinze cents paysans se présentent chez l'inspecteur des travaux publics ; ils demandent de l'ouvrage, l'inspecteur ne peut leur en donner. Alors l'un des hommes de la bande dit : « Il est impossible que nous attendions plus longtemps ; il y a du blé dans les champs et sous le hangar, nous ne pouvons mourir de faim. »

Une femme qui se trouvait près de lui s'est écriée : « Attendons encore un peu avec patience, Dieu est bon. J'ai cinq enfants, ils ont faim aussi, sans parler de mon mari et de moi; mais, mes amis, ne volons pas, ne faisons rien qui nous déshonore. » Ces paroles d'une femme pieuse et résignée eurent le pouvoir de calmer l'agitation qui fermentait ; et la foule, confiante en la Providence, s'est dispersée, dans l'espoir que le lendemain, plus heureuse, elle obtiendrait du travail et du pain.

———

Du chez soi et de la famille.

Dieu, dont la présence et les œuvres sont répandues par toute la nature, est partout le Dieu de l'univers ; mais chez nous il paraît être particulièrement *notre* Dieu. C'est là surtout qu'il semble n'exister que pour nous.

Notre maison est comme un temple où il fait sa résidence. C'est là qu'il a placé les œuvres qu'il nous commande, et le germe des bénédictions qu'il nous destine ; c'est là qu'il a commis des anges à notre garde.

La communauté de deux personnes bénies par un sacrement spécial pour être les chefs d'une famille, n'est pas moins sacrée qu'une communauté religieuse. Il faut que la décence, la piété et la paix y règnent; que le bien s'y fasse; qu'en tout temps Dieu puisse y reposer un œil de complaisance, et les hommes s'y édifier du spectacle de toutes les vertus domestiques.

O précieux *chez moi*, sanctuaire où se trouvent le salut de l'âme et le principe de la prospérité matérielle, peut-on assez t'estimer, t'orner de bon ordre et de vertus! Heureuse la femme qui sait trouver en toi le bonheur et y retenir avec des chaînes fleuries tout ce qu'il est de son devoir d'aimer! C'est là que, tour à tour, ange de prière, arbitre de paix, providence visible, sœur hospitalière, elle peut allier toutes les fonctions de la charité chrétienne avec les obligations d'une mère de famille ou d'une fille dévouée à la vieillesse de ses parents, qui doivent être les premiers objets de sa sollicitude.

Heureuse, mille fois heureuse, si elle sait comprendre ce bonheur et en profiter!

Reconnaissance tardive.

Que de gens, d'ailleurs généreux, laissent échapper le bien qu'ils pourraient faire, et même les
devoirs impérieux qu'ils auraient à remplir, faute
de s'en enquérir. Heureux quand un guide éclairé
les force d'ouvrir les yeux et parvient à leur faire
comprendre que les œuvres de surérogation ne sauraient suppléer à l'accomplissement d'une obligation sacrée.

Une dame veuve et riche, sans enfants, et d'un
âge à préférer une vie calme et tranquille aux
plaisirs dispendieux du monde, était un peu em-
barrassée de l'emploi de sa fortune surabondante.
Poussée par un bon mouvement, elle sentit sans
doute qu'elle rendrait compte un jour de ces biens
superflus; et, pour diminuer sa responsabilité et
tranquilliser les scrupules de sa conscience, elle
alla trouver un ecclésiastique de grand mérite, et
lui offrit une somme considérable en billets de
banque, à la charge seulement de dire, après
qu'elle serait morte, autant de messes qu'il pourrait pour le repos de son âme; et voyant, à la sur-
prise qu'il manifestait, qu'il allait répondre par un
refus, elle insista vivement pour qu'il daignât

la débarrasser de ce fardeau pour elle inutile.

Le digne prêtre promit à cette dame le secours de ses prières dans le cas où elle quitterait la terre avant lui, mais persista à refuser son offre, en lui conseillant d'employer elle-même ses richesses en bonnes œuvres si elle voulait que le Ciel lui en tînt compte, l'invitant à rechercher surtout si elle n'avait pas de parents nécessiteux, et, dans ce cas, de les faire profiter, avant tout autre, de ces biens dont elle pouvait se passer.

La dame lui ayant déclaré ne pas avoir de parents, le ministre du Seigneur, toujours déterminé à refuser le don qu'elle lui offrait, l'engagea à faire violence à cette paresse de l'esprit qui veut se décharger sur un autre d'une tâche qui n'est jamais plus méritoirement remplie que par soi-même, et voulut qu'elle continuât ses recherches sur l'emploi le plus utile à faire de la somme en question.

A force de chercher, cette dame se souvint que son mari avait autrefois reçu d'un ami un service sans lequel il n'aurait pu faire honneur à ses affaires commerciales. Cet ami était mort, il est vrai; mais il avait laissé un fils actuellement dans une position des plus pénibles. L'argent passa des mains du digne abbé, qui n'en avait accepté que le dépôt, dans celles d'un notaire qui, par un contrat en bonne forme, assura avec ce capital une rente au jeune homme.

Ainsi cette bonne action est devenue en même temps un acte de justice et de reconnaissance, qui, loin d'en amoindrir le prix, la rend plus digne d'éloges.

Fête séculaire du Saint-Sacrement.

Il n'est pas dans toute la chrétienté de fête plus joyeuse que celle du Saint-Sacrement de l'autel : elle parle aux sens presque autant qu'à la foi ; car, si elle ne nous laisse pas voir tout à découvert la sainte humanité du Sauveur, elle nous la rend presque sensible par les honneurs dont elle entoure le signe sacré qui nous marque sa présence.

Aussi, ce jour-là, on orne sa maison tout comme si le Christ, au temps de sa vie mortelle, avait dû y passer ; on sème de verdure et de fleurs le sol qu'il doit fouler ; c'est à qui se trouvera sur son passage, et cherchera, comme Zachée, à en être remarqué ; c'est à qui le suivra comme le peuple au désert ; c'est à qui voudra toucher le bord de sa robe pour être guéri de ses infirmités ; c'est à

qui amènera ses enfants aux lieux où il s'arrête
pour qu'il leur impose les mains.

Et dans ces villes qui sont comme des veuves
et qu'on oblige à cacher au fond du sanctuaire
l'objet de tant d'amour, voyez comme on se presse
dans les temples pour l'y chercher, et comme
dans un étroit espace on s'efforce de multiplier
les signes de joie et d'amour !

Autrefois cette fête manquait dans l'Eglise ; la
faveur des premiers chrétiens n'en avait sans doute
pas besoin pour ranimer leur foi et leur amour :
tous les jours ils faisaient fête à Jésus-Christ.

La célébration des mystères sacrés, les céré-
monies du culte qu'on rendait à l'adorable Eucharistie, sont aussi anciennes que le catholicisme ;
mais outre le jeudi saint, jour de l'institution de
cette pâque de la loi nouvelle, il n'y eut jusqu'au
treizième siècle aucune fête spécialement dédiée
au Saint-Sacrement.

En 1230, une sainte religieuse, qui soignait
les malades dans une communauté près de Liége,
conçut la première, d'après une révélation qu'elle
avait eue, le désir de voir s'établir dans l'Eglise
catholique une fête solennelle en l'honneur du
mystère de l'Eucharistie.

La sainte femme ayant communiqué son idée
à un chanoine de Saint-Martin de Liége, ce cha-

noine en référa aux autorités ecclésiastiques de la
ville, qui, pour la plupart, s'intéressèrent vivement
au succès de cette entreprise. En 1246,
l'évêque de Liége décréta, dans un synode, l'établissement
de cette fête, et il en ordonna la
célébration publique dans toute l'étendue de son
diocèse.

Jacques de Troyes, qui en avait approuvé le
projet lorsqu'il était archidiacre de Liége, étant
devenu pape sous le nom d'Urbain IV, ordonna
que cette fête serait célébrée dans toute l'Eglise
avec toutes les solennités des fêtes de premier
ordre, et il lui assigna le second jeudi après la
Pentecôte.

L'office de cette fête, composé par saint Thomas
d'Aquin, est l'un des plus beaux de la liturgie.
Les plus suaves mélodies ont été adaptées aux
paroles, et expriment, comme elles, les sentiments
d'une piété douce et pleine d'attraits. La prose
Lauda Sion, si connue dans le monde catholique,
est un chef-d'œuvre. Santeuil disait qu'il aurait
volontiers donné ses hymnes si poétiques pour
l'honneur dû à l'auteur de cette prose. De grands
compositeurs pourraient aussi envier l'honneur
d'en avoir écrit la mélodie sacrée, devenue si populaire
dans les pays catholiques.

L'origine de cette fête remonte donc à l'année

1246, c'est-à-dire il y a six siècles, et c'est en
mémoire de cette institution qu'en 1846 elle a
été célébrée avec une pompe et une magnificence
toutes particulières, comme il se pratique tous les
cent ans dans la ville de Liége, où elle a pris
naissance. Des députations de ce qu'il y a de plus
illustre parmi le clergé de France, d'Allemagne et
de Belgique ont concouru à la célébrer. Les ora-
teurs les plus célèbres y ont été entendus. Heureux ceux qui ont pu y assister! ils ont dû y
amasser pour toute la vie des provisions de foi et
d'amour.

Accidents.

Les années qui viennent de s'écouler ont été
fécondes en accidents et en fléaux de tout genre.
Hors la peste, la guerre et la famine, ces extrémités de la colère de Dieu, nos contrées ont souf-
fert tous les genres de malheurs; outre les trem-
blements de terre, les catastrophes des chemins
de fer, les nombreux incendies, et enfin les inondations plus désastreuses encore, il semble que la
mort, non contente de ces abondantes moissons,

se soit encore plu aux jeux les plus cruels. Parmi un nombre considérable de morts subites, nous en remarquons quelques-unes qui ont eu lieu dans des circonstances telles qu'on aurait eu moins lieu de s'y attendre, et assurément où l'on n'y songeait pas du tout.

C'est une jeune fille, au milieu de l'ivresse de la danse, qui tombe frappée sans avoir eu le temps de pousser un soupir. C'en est une autre, en voyage. C'est une dame, dans une assemblée, qui se penche comme pour dire quelques mots à l'oreille d'une amie et qui exhale son dernier soupir. C'en est une autre qui meurt en allant prendre un bain ; celle-ci, mariée seulement depuis deux mois. C'est un nouveau marié qui meurt à table, le jour même de ses noces, dans l'accès d'un rire fou, indice probablement de la joie de son âme !... O mort, que pensais-tu donc en t'attaquant à ces êtres pleins de bonheur et de vie qui te croyaient encore si loin ? Voulais-tu donner une leçon, un avertissement à ceux que tu devais venir chercher plus tard ? Ah ! sans doute, dans ce bal, ce cadavre en habit de fête, sur qui vainement les secours de l'art ont été essayés, et cette autre jeune femme que, de la maison des bains, l'on transportait sur une civière parmi la foule des voitures qui se rendaient aux spectacles, ont dû faire une fameuse impression sur ceux qui ont été témoins de ces catastrophes.

Plus heureux que d'autres victimes, M. de l'Hermite, jeune homme de vingt-cinq ans, qui a péri lors de l'inondation de la Loire, avait déjà renoncé au monde qu'il devait quitter si jeune et d'une manière si imprévue. C'est pendant qu'il était en route pour se rendre au couvent des Trappistes, où l'appelait sa vocation, que ce jeune homme a trouvé, dans les flots du fleuve débordé, le prix immédiat de son sacrifice ; et pour que rien ne manquât à la consolation de ses derniers moments, il est mort en recevant la bénédiction d'un prêtre, son compagnon de voyage, lequel, étant parvenu à s'accrocher à un arbre, demeura dix-huit heures suspendu sur l'abîme , avec deux autres voyageurs que ses efforts courageux parvinrent à sauver.

M. de Montyon.

Peut-on parler des bienfaiteurs de l'humanité sans que ce nom se présente sous la plume. Nommer M. Montyon, c'est nommer la vertu

la plus active, la plus persévérante, la plus effi-
cace, unie à la plus extrême modestie. Non-seulement, se contentant de peu, il a employé toute
son immence fortune et sa longue carrière à faire
le bien, mais il a trouvé le secret d'en faire encore
après sa mort et de perpétuer à jamais les ingénieuses inventions de sa charité.

Né en 1733, et mort en 1820, le baron de
Montyon, riche et d'une famille distinguée, oc-
cupa dès sa jeunesse les emplois les plus importants. Doué d'un esprit sain dans un corps
robuste, tempérant par inclination, toujours occupé, jamais ambitieux, magistrat dévoué à ses
devoirs, il trouvait au milieu de ses travaux sérieux le temps de cultiver encore les sciences et
les arts qu'il aimait et encourageait. Si, dans un
concours où le prix avait été vivement balancé,
l'une des académies regrettait de n'en avoir pas
un second à décerner, il se hâtait d'en fournir
secrètement les fonds. Il arriva une fois que l'Académie, qui n'avait qu'un prix à donner, avait
distingué quatre ouvrages; trois prix furent successivement offerts par trois lettres anonymes. On
chercha les trois bienfaiteurs parmi les plus puissants personnages; il n'y en avait qu'un seul,
M. de Montyon.

On lui indiqua, un jour, un jeune littérateur

dont les talents s'annonçaient avec éclat, mais qui manquait des dons de la fortune. M. de Montyon lui fit offrir une pension, mais ne voulut point être nommé. Le jeune écrivain prétendait n'accepter le bienfait qu'à la condition de connaître son bienfaiteur; ce combat généreux dura longtemps, la modestie de l'un et la délicatesse de l'autre étant également inflexibles.

Vers le même temps, M. de Montyon, toujours sous le voile de l'anonyme, fondait à l'Académie française le prix d'encouragement pour l'ouvrage le plus utile aux mœurs, et le prix de vertu.

Ne nous méprenons pas ici sur l'intention du fondateur, qui n'a pu croire, non plus que ceux à qui il a confié sa sainte mission, que ces actes héroïques de vertu, tels que ceux auxquels ce prix est adjugé, pussent être récompensés par une somme d'argent, ni l'abnégation de toute une vie pour un peu d'honneur, auquel l'esprit de sacrifice n'a jamais songé et dont il sait si bien se passer qu'il en souffre même. Non; Dieu seul, le bonheur promis dans l'autre vie, les satisfactions qu'il communique dès ici-bas à l'âme juste, et les heureux résultats du bien qu'elle a fait, voilà la seule récompense digne de la vertu chrétienne. Ce n'est qu'un encouragement, un moyen de continuer ses bonnes œuvres, que M. de Montyon a voulu lui accorder, et surtout un grand exemple qu'il a voulu donner en mettant en relief des faits dignes d'imitation qui sans cela seraient restés ignorés.

L'intendance de M. de Montyon en Auvergne fut un enchaînement de soins paternels, de combinaisons savantes et de bienfaits. Quand les fonds publics lui manquaient pour réparer un désastre local, il y suppléait par sa propre fortune. Dans une année de famine, il fit ordonner, à ses frais, des travaux pour l'embellissement de la ville de Mauriac. Tous les indigents reçurent, par lui, du pain, et la ville profita du malheur même qui avait désolé ses murs. Plus de trente ans après, en 1802, du sein de l'émigration, M. de Montyon faisait encore parvenir des secours dans cette ville, heureuse d'avoir eu un tel magistrat, et qui, dans sa reconnaissance, a élevé un monument à sa mémoire.

Quoique peu courtisan, M. de Montyon obtint une place à la cour, et voici à quelle occasion. Comme il attendait un jour une audience du roi, des jeunes seigneurs remarquèrent son costume antique et ne purent s'abstenir de faire quelque espièglerie. Un prince, alors d'une extrême jeunesse, se sentit entraîné par leur gaîté contagieuse. Le roi le sut, parla sévèrement au jeune prince, insista sur le caractère et l'esprit distingué du magistrat auquel on avait pu causer quelque peine. Le prince réfléchit, et le lendemain il vint trouver le roi : « J'imagine, lui dit-il, un bon moyen pour réparer mon tort envers M. de Montyon ; Votre Majesté n'a point encore nommé à l'emploi de chancelier dans ma maison, je viens le demander pour lui. » La place fut accordée.

Il arriva qu'un prince si aimable et si digne d'amour fut inscrit le premier sur les listes de proscription que la révolution fit dresser. M. de Montyon ne tarda pas à venir retrouver, dans l'exil, le prince auquel il s'était attaché dans les jours de bonheur. La religion et l'étude des lettres soutinrent l'âme de M. de Montyon. Il eut encore le bonheur de pouvoir exercer sa bienfaisance sur la terre étrangère : ayant pu sauver une grande partie de sa fortune, il la consacrait aux familles françaises, compagnes de son exil, qui, sans avoir conservé les mêmes ressources, luttaient contre des privations auxquelles elles n'étaient pas accoutumées.

La restauration rendit M. de Montyon à sa patrie ; mais la révolution avait emporté les fondations qu'il avait faites pour encourager les talents utiles et pour la proclamation des actes de vertus pratiqués dans les classes obscures. Un anonyme (c'était lui) annonça à l'Académie française que, grâce à des fonds déposés, elle pourrait décerner encore ce genre de palme. L'académie des sciences recevait aussi dés dotations pour des prix nouveaux et permanents. Une correspondance active et noblement mystérieuse s'établissait avec tous les bureaux de bienfaisance, et des sommes considérables étaient affectées au dégagement des effets déposés au mont-de-piété.

M. de Montyon avait eu le malheur de survivre à toute sa famille ; mais les indigents lui en tenaient lieu. Après sa mort, qui fut, comme sa vie, celle d'un chrétien, les secrets de sa bienfaisance sortirent en foule de sa tombe. Son testament révéla la puissance que donnent une sage économie et une vie dévouée pour opérer un bien immense. Les hospices reçurent une dotation d'environ trois millions de francs, et les fonds destinés à servir d'encouragement aux actes de vertus furent encore considérablement accrus, et permettent, tous les ans, à l'Académie française, de goûter le bonheur de les distribuer, et de mettre au jour une foule de belles actions qui, sans cela, nous resteraient inconnues.

Des prix Montyon.

Grâce au Ciel, malgré la corruption générale et l'affaiblissement de la religion parmi les classes inférieures de la société, il se trouve encore assez d'âmes généreuses au sein de la pauvreté, il se produit parmi elles assez de belles œuvres pour que l'Académie ne puisse les couronner toutes, malgré la munificence de M. de Montyon. Un grand nombre ne parviennent pas à la connaissance de l'Académie, et toutes celles qui sont soumises à son examen, quoique méritant son admiration, sont encore trop nombreuses pour que toutes puissent obtenir les palmes qui leur sont destinées. Parmi les dignes, l'on est obligé de choisir les plus dignes, et pour l'emporter sur une telle concurrence, il faut nécessairement que ces actes de vertu réunissent de telles conditions de dévouement et de persévérance que la religion seule peut les avoir inspirés et surtout avoir aidé à les accomplir.

C'est donc rendre hommage à la religion que de proclamer quelques-uns des faits principaux que nous offrent en foule les Mémoires de l'Académie.

Jeanne Jugan.

C'est une pauvre fille, d'abord domestique à Saint-Servan, petite ville près de Saint-Malo en Bretagne. Sa maîtresse lui donnait l'exemple de toutes sortes de bonnes œuvres. Heureux les domestiques qui ont de tels maîtres! heureux les maîtres qui trouvent des domestiques dociles aux bonnes impulsions qu'ils savent leur donner! La maîtresse étant venue à mourir, Jeanne n'ira pas désapprendre auprès d'une femme impie ou frivole le bien auquel elle est accoutumée, mais elle tâchera de continuer ce qu'elle a vu faire, et quoiqu'elle ne possède rien et qu'elle soit seule, forte de sa confiance en Dieu, elle se consacrera au service des malheureux.

Voici comment elle accomplit cette généreuse résolution.

Une vieille aveugle, infirme et dans la misère, venait de perdre sa compagne, son unique soutien, une sœur âgée et pauvre comme elle; l'hiver de 1839 allait commencer. Comment un aveugle se passerait-il d'un appui? où celle-ci trouvera-t-elle le sien? Jeanne Jugan la fait transporter dans sa demeure. La voilà avec quelqu'un à nourrir, à

6

soigner; c'est le noyau de son établissement de bienfaisance.

Une servante s'était dévouée à ses maîtres; elle les avait servis d'abord fidèlement dans la prospérité, puis sans gages, dans la détresse, puis, enfin, en les nourrissant des fruits de son labeur et de ses propres épargnes. L'âge, les infirmités, l'incapacité du travail, l'isolement étaient venus pour elle-même; ses maîtres étaient morts; elle était sans abri : Jeanne Jugan l'emmène encore chez elle. Elles seront trois; la maison est petite, les ressources aussi : la Providence y pourvoira.

D'autres malheureux viennent frapper à la porte de cette pauvre demeure devenue comme une maison d'asile. Les vieillards abandonnés sont nombreux à Saint-Servan : c'est une population de marins; les flots et les fatigues d'un dur métier emportent brusquement l'homme fort de la famille, celui dont le travail fournit aux besoins de tous. Lui mort, les enfants, les vieux parents restent sans ressources. Jeanne veut bien leur venir en aide, mais il faudra chercher une maison plus grande : elle trouve cette maison, elle la loue, elle déménage avec ses pauvres, elle s'y installe le 1er octoble 1841; un mois après, la maison est pleine, douze pauvres y ont pris abri.

Alors on en parle dans la ville, dans les classes

aisées; on va voir; on admire l'ordre, les soins et les moyens ingénieux qui servent à une simple femme dénuée de tout bien, à nourrir, à entretenir, à tenir content tout son monde; on veut s'unir à cette bonne œuvre. Une maison plus spacieuse est acquise ; on la cède à Jeanne, mais on l'avertit bien : « C'est tout ce qu'on fera; on ne peut contribuer à la dépense; qu'elle y prenne garde, c'est elle seule que cette dépense regarde; qu'elle ne multiplie pas trop son personnel!... »

Ainsi raisonnent les gens qui n'ont qu'une foi hornée. Telle n'est pas celle de Jeanne : « Donnez, donnez la maison, dit-elle; si Dieu la remplit, Dieu ne l'abandonnera pas. »

Bientôt, au lieu de douze pauvres, elle en a vingt, et en 1845 on comptait autour d'elle plus de soixante malheureux des deux sexes, tous vieux, ou infirmes, ou estropiés, ou atteints de maux incurables, tous arrachés à la misère dans leurs greniers, ou à la honte de mendier dans les rues, ou soustraits aux vices que le vagabondage traîne après soi. Enfin, Jeanne Jugan a doté la ville de Saint-Servan d'un véritable *hospice*, hospice digne de servir de modèle, car aucun genre de misère n'en est exclu.

Excitées par l'exemple de Jeanne, trois personnes sont venues se joindre à elle pour le service de cette maison, et se vouant à toutes les occupations de l'intérieur. Le travail y est organisé ; chacun en prend sa part, suivant son aptitude et ses facultés ; un médecin y visite gratuitement les malades et y établit une petite pharmacie.

Il faut voir comme Jeanne Jugan recrute les habitants de son hospice ! Il n'y a pas là de bureau, de registre ; il ne faut, pour y entrer, ni pétition ni formule administrative ; la charité s'y exerce promptement, sans commentaires. Ailleurs on a souvent le temps de mourir avant de pouvoir être secouru.

Jeanne apprend qu'un vieux marin de soixante-douze ans est délaissé dans un caveau humide, couvert de quelques haillons, sur un lit de paille brisée, avec quelques morceaux de pain noir pour nourriture ; elle y court aussitôt, le fait transporter chez elle ; il devient l'un de ses commensaux.

Une petite fille vient de rester orpheline, sans parents aucuns ; elle n'a que cinq ans, elle est estropiée ; personne n'en veut, elle sera pour Jeanne Jugan.

Deux enfants de neuf à dix ans, qui manquaient de pain dans la maison paternelle, ont fui du fond de la Basse-Bretagne ; ils sont parvenus jusqu'à Saint-Servan ; ils errent dans les rues, frappant à toutes les portes, au milieu de l'hiver, par un froid rigoureux, à l'entrée de la nuit ; tout reste fermé, nulle part on ne les recueille, partout on les renvoie. « Il faut les conduire à Jeanne, » s'écrie une voix ; et Jeanne les prend et les nourrit jusqu'à ce que, par les soins de l'administration, ils soient reconduits à leur famille.

Une jeune fille de quatorze ans, que ses parents, en fuyant de la ville à l'improviste, y avaient abandonnée, ne sait que faire ni où aller. Déjà des mains impures s'en étaient emparées ; mais Jeanne l'en arrache et ouvre un asile à sa vertu.

Une femme de mauvaises mœurs, fille dénaturée, s'est lassée de sa vieille mère : sa mère coûte trop à nourrir, sa mère est dévorée d'un ulcère horrible, elle n'en veut plus ! Elle la dépose dans la rue, en face de la maison de Jeanne, comme pour dire à celle-ci : Tu la prendras si tu veux. Jeanne la prend, en effet.

Mais il est un problème qui se présente à l'esprit de chacun : Comment est-il possible que Jeanne puisse suffire aux dépenses d'une telle maison ? Demandez-le à la Providence. Jeanne est infatigable, Jeanne est éloquente, Jeanne prie et travaille, Jeanne a un panier qu'elle emporte sans cesse à son bras et qu'elle rapporte toujours plein.

L'Académie française a déposé dans le panier

de cette pieuse et charitable fille, au nom de M. de
Montyon, un prix de trois mille francs; ses pauvres
en profitent.

———

Pauline Copain.

En 1813, un avoué fut chargé de diriger des
poursuites contre un débiteur. Avant d'agir, il eut
la prudence de vouloir s'assurer par lui-même de la
position de fortune de ce débiteur, et se rendit à
son domicile, dans le village de Saint-Marcq-sur-
Seine, dans le département de la Côte-d'or.

« Jamais spectacle plus attendrissant ne s'offrit à
mes yeux, a-t-il écrit : un vieillard infirme, une
vieille mère à peine capable du plus léger travail,
une sœur impotente, privée de l'usage de tous ses
membres, et, ce qui est plus malheureux encore,
de celui de sa raison, recevaient dans un logement
plus que modeste l'abri, la nourriture, le vêtement, les soins les plus tendres et les plus cons-
tants des mains d'une seule personne. Cette
personne, Mlle Pauline Copain, savait trouver, dans une petite institution de jeunes filles
qu'elle dirigeait, les ressources nécessaires pour

pourvoir à tant de besoins; elle savait allier, de la façon la plus admirable, l'accomplissement de ses devoirs de famille à l'accomplissement des devoirs non moins impérieux de son état, et à l'exercice incessant d'une bonté qui s'étendait sur chacun autour d'elle.

Tout ce qu'il apprit, tout ce qu'il vit, lui parut prodigieux. L'officier ministériel se retirait, regardant comme trop dure la pensée de demander à ce débiteur un sacrifice ou des efforts que la meilleure volonté du monde ne pouvait, à ses yeux, rendre possible. Mais dès qu'elle eut vérifié la justice de sa réclamation, Mlle Pauline Copain déclara qu'une dette légitime de son père lui imposait de nouvelles obligations, que c'était sa propre dette, et elle exigea qu'on reçût son engagement personnel de s'acquitter.

Ce qu'elle a fait pour cette dette paternelle, elle l'a fait pour toutes les autres; elle les a cherchées, elle les a réunies, elle les a toutes prises à sa charge : « Repousser les dettes de mon père, souffrir qu'une pareille atteinte soit portée à son honneur... oh! non, dit-elle, avec du travail je viendrai à bout de tout. » Et voilà bien des années que, lentement, jour par jour, elle demande au travail, et elle en obtient, le moyen de nourrir sa famille et de dégager la parole de son père.

Pour se vouer à la mission qu'elle accomplit, Mlle Pauline Copain, à l'âge de la jeunesse et des espérances d'avenir, a abandonné, sans hésiter, Paris, où elle occupait une place avantageuse chez des personnes qui voulaient l'y retenir, et voici dix-huit ans que, répondant à l'appel de ses parents qui ne pouvaient se passer d'elle, elle est venue reprendre auprès d'eux l'humble profession d'institutrice de village.

La piété filiale n'est pas l'unique sentiment qu'elle ait poussé jusqu'à l'héroïsme. Sa nature, compatissante, prompte à venir en aide à toutes les afflictions, s'est révélée en mille circonstances, et si on remonte le cours de sa vie, on la trouve, d'année en année, semée de traits de la plus douce et de la plus vive charité.

Tantôt c'est une femme malade avec une petite fille de quatre ans, perçant l'air de ses cris, que Pauline Copain recueille, la nuit, sur une grande route, qu'elle fait transporter dans la pauvre demeure de son père, qu'elle y garde, qu'elle y soigne jusqu'à ce que la mort, frappant cette malheureuse, ait mis un terme à ses souffrances. En mourant, elle reçut du moins la promesse que la petite fille qu'elle laissait aurait toujours un refuge, et cette promesse a été tenue.

Tantôt, c'est un petit savoyard, âgé de dix à

douze ans, qui retournait au printemps dans ses montagnes avec ses compagnons, et que ceux-ci ont laissé en route, parce que ses pieds, profondément blessés, ne lui permettaient plus d'avancer. C'est encore Pauline Copain qui lui donne asile, qui le panse, qui le guérit, qui lui fait trouver quelque occupation, jusqu'à ce que l'année révolue amène une bande nouvelle de ses compatriotes qui le reprennent. Depuis, aux approches de l'hiver, dans les émigrations annuelles, pas une de ces bandes, descendant des montagnes, ne passe à Saint-Marc qu'elle ne vienne apporter, de la part du petit Savoyard, aujourd'hui homme fait, établi dans son pays, un souvenir pour celle qui fut sa bienfaitrice.

Ou bien, c'est une fille abandonnée dès le berceau, que sa mère, en disparaissant, a laissée à la charge d'une nourrice, pauvre bergère, mère elle-même de six enfants. Celle-ci a gardé son nourrisson, elle l'a élevé aussi longtemps qu'elle a pu ; mais enfin sa misère succombe au fardeau ; elle envoie cet enfant avec les siens mendier, implorer la pitié de porte en porte. Pauline Copain prend pour elle la fille délaissée, la nourrit, l'instruit pendant deux ans, lui trouve une place dans une salle d'asile, et continue de venir au secours de la bergère et de sa famille.

Dans ses fonctions d'institutrice, Mlle Copain a su trouver une occasion quotidienne d'exercer, de propager son esprit de charité.

Les indigentes sont reçues dans son école, sans frais ni gratification quelconque de la commune.

Les pensionnaires dont les parents ont perdu les moyens d'acquitter la pension, continuent à être gardées comme si nul changement n'était survenu dans leur fortune.

Y a-t-il une pauvre fille à vêtir, à munir de quelques hardes, pour lui procurer une condition, on achète du linge, de vieilles robes ; la classe entière est transformée en atelier de couturières, et le trousseau est bientôt complet.

Y a-t-il quelque malheureux à nourrir, l'école se cotise avec la maîtresse ; chacun a retranché quelque chose de son repas du midi ; chaque élève a puisé dans son panier, et les malheureux sont nourris.

Telles sont les leçons que Mlle Copain donne à ses élèves, et qui produisent des résultats encore plus précieux pour son cœur que la médaille de mille francs par laquelle on a voulu lui témoigner l'admiration qu'inspire son zèle filial et bienfaisant.

Anne Le Scars, femme Le Taridec.

Voici une bonne fermière bretonne, bien pauvre, puisque le revenu de sa ferme n'est que de quatre-vingts francs par an.

Aussi, pour aider à élever sa famille, Anne Le Taridec a reçu successivement, de l'hospice civil de Quimper, des enfants abandonnés à nourrir. Les prix alloués par l'administration varient, suivant l'âge du nourrisson, de cinq à sept francs par mois; passé douze ans, il n'est plus rien payé.

Mais quoi! du moment qu'Anne Le Taridec a emporté un de ces orphelins, il est son enfant, elle ne peut plus s'en séparer. Elle les nourrit, les habille, les élève, les voit grandir; grâce à elle, ces enfants délaissés ont une famille; elle les place, les marie, les dote, et ne cesse jamais de les considérer comme siens. Elle en compte déjà seize. N'est-ce pas aussi là une *femme modèle?*

Il faut la voir, lorsqu'elle va à l'église ou qu'elle se présente à l'administration, environnée de cette famille, filles et garçons, depuis l'âge de dix-huit, vingt ans, jusqu'à l'âge où ils marchent à peine; tous proprement vêtus, la santé, le contentement répandus sur leurs traits, se pressant à l'envi autour d'elle, sans qu'aucun d'eux paraisse se douter qu'elle n'est pas sa véritable mère.

————   .

Henriette Garden.

Voici encore un modèle de piété filiale aussi bien que de charité : Mlle Henriette Garden, née à Paris et y demeurant rue de la Verrerie, n'avait que huit ans lorsqu'elle perdit sa mère. Son père la confia à trois demoiselles, anciennes amies de la défunte, qui ne purent que lui donner une éducation modeste; si elles ne lui donnèrent pas les talents distingués qui sont d'une grande ressource dans ce monde, il paraît qu'elles réussirent à orner l'âme de leur élève de toutes les vertus.

A quatorze ans, Henriette, sachant coudre et soigner un ménage, revint chez son père, qui la mit à la tête de sa maison. Heureuse de prévenir ses moindres désirs, elle se proposait de passer ses jours auprès de lui ; et cet avenir suffisait si bien à son cœur qu'elle refusa plusieurs offres d'établissement. Tout à coup son père lui déclare qu'il va se remarier : cette nouvelle la surprend, mais elle ne se permet aucune observation ; elle sourit même au bonheur que son père se promet de cette union. Le mariage se conclut, et Mlle Garden a la douleur de ne pas suivre son père chez sa nouvelle épouse.

Elle avait alors vingt ans ; elle se réfugia dans une petite chambre, où pour subsister elle était obligée de coudre et de raccommoder du linge ; ses journées les plus fortes ne s'élevaient pas à plus de vingt sous. Son unique bonheur était d'aller rendre visite à son père ; il lui fut aisé de s'apercevoir que sa présence n'était pas agréable à la femme de M. Garden. La simplicité de ses manières, la pauvreté de ses vêtements contrastaient avec l'élégance qu'on voyait régner dans la maison. Elle supportait sans se plaindre les procédés de sa belle-mère, et ne cessait de témoigner la plus vive tendresse à son père et à un jeune enfant, son frère, né du nouveau mariage de M. Garden.

Bientôt on lui enjoignit de ne plus faire ses visites qu'aux époques de l'année consacrées par la piété filiale ; encore lui fut-il prescrit de ne paraître qu'aux heures où la famille était seule, d'entrer par un escalier dérobé, réservé aux domestiques. Si son père était malade, elle obtenait à grand'-peine la faveur de s'établir à son chevet, mais sous la condition de ne point se nommer devant les étrangers, et de passer, même aux yeux des médecins, pour une garde salariée.

Ainsi se passa la jeunesse de la pauvre Henriette. Que serait-elle devenue si les sentiments religieux n'eussent consolé sa vie, et si l'amitié et la charité n'eussent rempli dans son cœur le vide que lui laissait sa famille? Elle recueillit chez elle une de ses amies, pauvre et isolée comme elle; pendant huit ans, elles mirent en commun leur travail; mais au bout de ce temps, l'une d'elles, Mlle de Vally, fut attaquée d'une maladie de poitrine qui dura deux ans, et à la suite de laquelle elle succomba. Mlle Garden, quoique elle-même d'une faible santé, la soigna jour et nuit avec un dévouement qui ne se ralentit jamais, et avec le produit du travail le plus assidu elle pourvut constamment aux besoins et même aux fantaisies de la malade.

Un vieillard, parent de cette dernière, lui succéda dans l'affection d'Henriette. Sans doute, en le soignant, lui semblait-il soigner son père; elle le recueillit, le soutint de son travail, l'assista dans ses derniers moments.

Elle avait atteint l'âge de cinquante ans, et il y en avait trente que M. Garden s'était remarié. Depuis quelque temps il habitait la campagne, et sa fille ignorait le lieu de sa résidence, lorsqu'un jour

il se présente chez elle, lui dit que ses affaires
l'obligent à un séjour de peu de durée à Paris et
qu'il a résolu d'habiter pendant ce temps son modeste asile. M. Garden avait perdu sa fortune, la
dissension l'éloignait de son autre famille; il n'a-
vait plus au monde qu'une seule amie, c'était sa
fille. Elle le reçoit avec transport et s'empresse de
lui céder son lit. M. Garden, depuis ce moment
jusqu'à sa mort, qui arriva deux ans après, ne
parla plus de retourner chez lui. Jamais sa fille
ne lui fit la moindre question sur les motifs qui
avaient pu l'engager à se séparer de sa femme et
de son fils. Elle souffrait d'une maladie douloureuse; elle retrouva des forces pour servir et
soigner son père.

Elle employait la matinée à raccommoder les
habits de M. Garden, à blanchir son linge, à préparer ses repas. Les personnes chez lesquelles elle
travaillait, avaient consenti qu'elle n'allât à sa
journée qu'à midi; mais pour regagner le temps
perdu, elle y restait jusqu'à onze heures du soir.
Son modique salaire ne pouvait suffire à la dépense
de deux personnes, d'autant plus qu'une pieuse
délicatesse la portait à cacher à son père une partie
de sa misère; elle se vit forcée de profiter de la
bonne volonté de quelques voisins bienveillants et
de contracter envers eux des dettes qui, à la mort

de son père, grossies par sa dernière maladie, s'élevaient à cinq cents francs. Quelle somme pour une pauvre fille qui n'a que son aiguille pour vivre !

Depuis la mort de son père, elle a partagé ses faibles ressources avec une pauvre veuve septuagénaire, Mme Brossette. Rien n'est plus touchant que l'union qui règne entre ces deux pauvres femmes ; cependant Mlle Garden était déjà tourmentée par l'idée de cette dette de cinq cents francs, contractée pour subvenir aux derniers besoins de son père ; mais comment fermer sa porte et son cœur à cette malheureuse Mme Brossette. Aussi, en travaillant de toutes ses forces, Mlle Garden s'imposait-elle les plus dures privations sans les imposer à sa compagne, afin de payer sa dette. Mais, grâce à M. de Monthyon, elle n'a plus ce souci, et un prix de trois mille francs lui assure encore les moyens de se livrer à la générosité de son cœur.

Marie Delaforge.

C'était une jeune fille, simple, naïve, dont le père était un pauvre vigneron du département des Vosges. Elle avait quinze ans, et parcourait d'un pas leste et rapide le chemin qui mène à la ville, pour acheter, du fruit de ses économies, l'habit qu'elle espérait porter le lendemain à la fête du hameau, où ses compagnes devaient être parées de leurs plus beaux atours.

Elle était bien joyeuse en pensant qu'elle pourrait les égaler et peut-être même les surpasser. Au milieu de ces rêves dorés, familiers à la jeunesse, elle rencontre un vieillard réduit à la plus grande misère et qui fondait en larmes. Marie s'arrête; elle écoute, en pleurant aussi, le récit de ses malheurs; son âme s'ouvre à la pitié; elle renonce à ses habits neufs; la charité naissante, disputant son cœur à la coquetterie, remporte une victoire complète. La jeune fille, en donnant au vieillard sa petite bourse, commence à sentir qu'une bonne action rend plus heureuse que la parure.

Le bonheur qu'elle éprouva dans ce moment fut une inspiration pour toute sa vie et en décida la vocation. Depuis quarante ans, Marie Delaforge est

la bienfaitrice de tous les malheureux qu'elle peut
découvrir, des vieillards surtout ; on la trouve au
chevet de tous les malades ; pour elle, elle couche
sur un lit de sarments, et ne se réserve que du pain
noir qu'elle partage encore, et elle en demande
pour en donner quand elle n'en a pas. Ses belles
actions sont si multipliées qu'il serait difficile de
les raconter toutes.

Combien de jeunes filles pourraient parvenir à
imiter une aussi belle vie, ou du moins à faire
beaucoup de bien qu'elles ne font pas, parce que,
malgré la sensibilité naturelle de leurs cœurs, elles
ne savent pas se priver de parures superflues dont
elles se font des besoins. Il n'est pas de goût plus
absorbant ; celles qui ont le courage de le sacrifier
à de plus nobles instincts, y gagnent en jouissances
pures qui sont de tous les âges et qui ne laissent
jamais rien à regretter.

Un peu plus tard, M. de Monthyon a rendu à
Marie déjà vieille ses habits de fête ; mais peu importe : son âme n'est-elle pas parée des vertus qui
lui assurent une jeunesse éternelle ?

Flavie Ansart.

Mlle Flavie Ansart, demeurant au Grand-Rulle-
court, département du Pas-de-Calais, est fille d'un
vieux militaire qui n'a que deux cent vingt francs
de retraite. Sans doute qu'avec un aussi modique
revenu elle est obligée d'aider à sa subsistance
par le produit de quelque travail. Néanmoins
Mlle Flavie trouve le moyen de concilier son pen-
chant ou plutôt sa passion pour la charité, avec sa
piété filiale qui lui commande de n'imposer à son
père aucune privation. Dès sa jeunesse, aussi
pieuse que bienfaisante, elle regardait le généreux
instinct qui la portait à faire du bien à ses semblables comme l'indice d'une mission que Dieu
lui avait confiée, et elle se montra ingénieuse
à chercher tous les moyens de l'accomplir. Elle
parvint à avoir chez elle un lit pour les pauvres,
et pressée d'exercer l'hospitalité, elle allait chercher
les mendiants sur la voie publique, les logeait
tour à tour et leur donnait sa propre nourriture;
elle était partout où il y avait une plaie à panser,
une larme à essuyer, un morceau de pain à
donner. Elle ne craignait pas de s'abaisser en solli-
citant elle-même pour autrui la faible pièce de

monnaie qu'elle portait ensuite aux malheureux.
Elle recueillit un orphelin de douze ans, qui la
récompensa mal de ses soins, et que M. Ansart
chassa de chez lui ; mais au lieu de se rebuter,
elle veilla de loin sur l'orphelin et parvint à le
ramener à de meilleurs sentiments. Enfin, chaque
jour de cette vertueuse demoiselle est marqué
par une bonne action, et en lui offrant un des
prix Monthyon, l'Académie n'a fait que s'associer
à ses bienfaits.

———

Julie Point.

Encore une de ces personnes qui, par leur
conduite admirable et soutenue, mérite la reconnaissance publique ! Julie Point était demeurée de
bonne heure sans père ni mère, sans fortune, sans
conseils. Dieu seul fut son guide et lui inspira de
consacrer sa vie à l'exercice de la charité. Orpheline,
elle s'attache surtout à soulager les orphelins. Son
merveilleux instinct de bienfaisance lui créa des
ressources suffisantes pour recueillir successivement plusieurs jeunes filles qu'elle arrachait à la
mendicité ou à la débauche ; elle leur inspirait de
meilleurs sentiments, leur apprenait à travailler,

travaillait elle-même pour les soutenir, et pour-
voyait à leur subsistance en épuisant son petit
patrimoine, qui n'était que de cinq mille francs,
et en s'imposant à elle-même les plus grandes
privations. Une vertueuse demoiselle, qui n'avait
qu'un revenu de trois cents francs, vint s'associer
à elle, et lui offrir, avec son petit bien, sa coo-
pération pour une tâche qui s'agrandissait de jour
en jour.

La commune de Voiron (près Grenoble), voyant
le bien qu'elles opéraient, leur accorda la jouissance d'une maison, où elles sont parvenues à
réunir plus de vingt jeunes filles qu'elles nourrissent, habillent et instruisent. Elles tiennent
lieu de famille à Julie, qui a montré pour elles le
cœur d'une mère et en a rempli sans interruption
tous les devoirs depuis près de trente ans.

Madeleine Saunier.

De toutes les vies héroïques que nous avons à
citer, celle de Madeleine Saunier est assurément
une des plus extraordinaires. Née de parents

pauvres mais pieux, habitant une petite commune du département du Rhône, Madeleine fut, dès son berceau, remplie de foi et de religion, et ces sentiments ne furent pas stériles en elle : ils produisirent les fruits de la plus ardente charité.

Les premiers objets de cette charité furent ses frères et sœurs, dont elle se montra le soutien dès son enfance. Les jeux de son âge ne tenaient aucune place dans sa vie; elle s'était réservé d'autres jouissances dont elle s'entourait avec beaucoup de mystère.

Emportant chaque jour aux champs sa frugale nourriture, elle en distribuait une portion aux pauvres du voisinage, et ne leur demandait en retour que de lui en garder le secret. Cependant le dévouement, le courage n'empêchent pas la nature d'avoir ses droits. Le développement de son tempérament eut à souffrir du peu de nourriture; elle se livrait aussi à des fatigues qui excédaient ses forces. Des infirmités précoces vinrent l'atteindre, mais ne purent ralentir l'essor de son immense charité. Devenue plus âgée et plus indépendante, le bien qu'elle fit dépassa toutes les limites de la vraisemblance et presque du possible.

Quelle force, quelle puissance surnaturelle donne l'abnégation de soi-même unie au dévouement chrétien ! Cet être faible dont la´ privation et la misère avaient déjà miné l'existence, franchissait de longues distances pour aller porter ses soins ou le fruit de ses sacrifices à de plus malheureux que ceux qu'elle avait trouvés auprès d'elle ; et lorsqu'elle avait épuisé toutes ses chétives ressources, lorsqu'elle se voyait en présence des douleurs qu'elle ne pouvait plus soulager, elle s'imposait une tâche plus pénible, plus difficile que toutes les autres : celle de fléchir l'insensibilité de l'égoïsme, d'affronter le refus brutal ou glacé de l'aisance sans pitié, pour rencontrer parfois quelque sympathie et obtenir quelque moyen de soulager ceux qu'elle avait laissés sans espoir.

C'est au chevet des malades que nous voyons briller surtout cette physionomie céleste ; c'est là que, surmontant toutes les répugnances naturelles, dépouillant en quelque sorte toutes les faiblesses de la terre, nous la voyons centupler ses facultés et ses forces pour consoler ceux qui pleurent, soulager ceux qui souffrent, ou les diriger vers le ciel en les faisant mourir en chrétiens.

Ainsi, pendant quinze ans, elle a fait vivre un aveugle et sa fille idiote. Chaque jour, elle partait et faisait à pied une demi-lieue pour leur donner leur nourriture, et, ce qui était plus difficile, le courage d'attendre et de vivre encore jusqu'au lendemain. Pendant quinze ans, répéter tous les jours le même acte de dévouement, sans jamais se lasser, c'est ce que la religion, la foi en Dieu seul explique ; l'humanité n'y suffit pas. Madeleine ne se bornait pas là.

A la même distance de sa demeure, existait une fille infortunée, couverte d'une lèpre si repoussante que sa famille même, hélas ! l'avait abandonnée. Reléguée dans une étable, Marie Carrichon n'eut, pendant dix-huit mois, que Madeleine pour l'approcher. Un cœur comme celui de Madeleine, il faut le dire, devait battre bien fort à la vue de cet excès de dénuement et de souffrance, à l'idée de cette créature humaine, de laquelle toute pitié, toute sympathie s'étaient retirées. Aussi, deux fois par jour elle se rendait auprès d'elle, moins encore pour lui apporter le peu de nourriture qu'elle pouvait prendre que pour rendre ses plaies moins douloureuses en les pansant plus souvent. Sa vertu reçut une récompense digne d'elle : elle eut la consolation de procurer une sainte mort à la malheureuse fille, à qui elle avait appris à mettre en Dieu toutes ses espérances, et qui expira dans ses bras en la comblant de bénédictions.

Au mois de novembre 1840, lors des inondations du Rhône, Madeleine faillit périr en tra-

versant un torrent débordé au delà duquel demeurait une autre femme à laquelle elle portait
des secours quotidiens. On lui reprocha son impru-
dence : « Que voulez-vous, répondit-elle, je n'y
étais pas allée hier, je ne pouvais y manquer
aujourd'hui. »

Voici un trait qui surpasse peut-être tous ceux
dont cette admirable vie est remplie. Au plus fort
d'un hiver rigoureux, Madeleine, à l'affût de
toutes les misères, avait découvert dans un lieu
isolé une cabane si chétive et si délabrée qu'elle
ressemblait plutôt à la retraite d'une bête fauve
qu'à l'asile d'une créature humaine. Une pauvre
femme, nommée Mancel, l'habitait; seule et
malade depuis longtemps, elle voyait approcher
son dernier moment. Madeleine s'installa à son
chevet et chercha à adoucir ses derniers moments.

Vers la fin d'une longue nuit, une neige épaisse
couvrait la terre, un vent glacé soufflait et ébran-
lait les parois où s'abritaient tant de misère et
de charité. Madeleine, pour combattre le froid
mortel qui se joignait à tant d'autres souffrances,
avait allumé quelque morceaux de bois vert qui
remplissaient la hutte de fumée et incommodaient
d'autant la malade en proie aux convulsions de
la mort, lorsque tout à coup la porte, fermée
seulement par une pierre qui la buttait à l'inté-

rieur, s'entr'ouvre et laisse apercevoir un loup
affamé, prêt à s'élancer sur Madeleine ou à
disputer à la mort sa proie. Madeleine s'élance
pour défendre le dépôt que la Providence a placé
dans ses mains; elle tient ferme, repousse, con-
tient la pierre et la porte, rassemble quelques
autres obstacles, ne cesse de pousser des cris,
qu'elle varie pour que l'animal féroce croie avoir
affaire à plusieurs personnes à la fois. Ses forces
s'épuisaient; mais le jour paraît, et le loup
s'éloigne. Quelques heures après, la femme Mancel
avait cessé d'exister. Mais Madeleine ne se tient
pas quitte envers elle; elle a trop de respect
pour ce corps qui doit ressusciter un jour; sa piété
envers cette âme, à qui elle vient d'ouvrir le ciel,
ne lui permet pas d'abandonner ainsi sa dépouille.
Elle frémit à l'idée du loup revenant dans la
chaumière; elle court chez le paysan le plus
voisin et le supplie de permettre qu'elle dépose
chez lui le corps de la pauvre femme. Sa prière
est exaucée; aussitôt elle retourne à la cabane
mortuaire, charge sur ses épaules le funèbre et
précieux fardeau, et sa mission providentielle
accomplie, elle tombe à genoux et remercie Dieu
d'avoir béni ses efforts. Combien elle eut lieu de
s'en applaudir plus encore lorsqu'elle sut que
l'animal contre lequel elle avait héroïquement

lutté était revenu la nuit suivante, et que ses pas imprimés sur la neige et dans la cabane lui prouvèrent combien son courage avait été nécessaire !

Espérons que cette vie, déjà si remplie, donnera encore de nouveaux exemples de cette haute charité. Madeleine n'a guère plus de quarante ans, et l'admiration qu'ont fait naître partout ses belles actions lui a procuré les moyens de faire le bien sur une plus grande échelle.

Manette Nainville.

Si l'on se plaint avec raison que jamais la classe des domestiques n'ait été aussi corrompue qu'elle l'est devenue aujourd'hui ; si, non contents de quitter de bons maîtres pour un léger avantage, et même de les piller impunément, ils se montrent encore souvent par leur médisance les plus cruels ennemis de ceux qui les nourrissent, il faut aussi mentionner de bien honorables exceptions et qui ne sont pas tellement rares que nous n'ayons à choisir entre une abondance de récits intéressants et presque identiques, constatant des actes de dévouement laborieux et soutenus pendant de longues années par des domestiques affectionnés pour des maîtres malheureux.

Dans l'extrême embarras de ce choix, nous ne pouvons guère prendre que quelques-uns de ces faits, ou plutôt quelques-unes de ces vies entières de profonde abnégation et de courageux efforts.

Marie-Catherine Nainville, surnommée Manette, née à Sanderville, dans le département d'Eure-et-Loire, était entrée, en 1808, à l'âge de seize ans, au service de M. et Mᵐᵉ de Létan, avec lesquels ne la liait aucun motif antérieur de reconnaissance.

Au bout de deux ans, Manette s'aperçut que la santé de sa maîtresse s'altérait et que l'aisance de la maison diminuait tous les jours. Ces circonstances, qui eussent porté à changer de condition une fille moins heureusement douée, commencèrent au contraire à développer en Manette le germe d'une irrésistible vocation : celle de s'attacher encore plus aux êtres dont elle aurait été le soutien qu'à ceux qui lui eussent offert les plus grands avantages.

A mesure que les souffrances de Mᵐᵉ de Létan devenaient plus cruelles, et que le malheur qui planait sur les deux époux devenait plus sensible, Manette, jusqu'alors insoucieuse jeune fille, se révélait, pour ainsi dire, à elle-même. Non-seulement elle devint la garde-malade la plus intelligente et la plus passionnée, mais elle apprit à multiplier, à perfectionner son travail, pour subvenir aux besoins de sa maîtresse, qui ne tarda pas à expirer entre ses bras.

M. de Létan, hors d'état par ses infirmités de remplir les devoirs d'une petite place dont le salaire ne suffisait pas même à son existence, non-seulement se vit dans l'impossibilité de rien donner à Manette sur ses gages déjà fort arriérés, mais aussi dans l'impuissance de se procurer pour lui-même le strict nécessaire.

Que fait alors Manette? Elle se partage entre la nuit et le jour. Le jour, elle soigne, elle ne quitte pas M. de Létan, dont la faiblesse et le mal allaient croissant, et la nuit elle travaille pour le nourrir. Enfin, en 1814, quatre ans après avoir enseveli, à elle seule, sa maîtresse, elle rendait les mêmes devoirs religieux à son maître. Les deux époux étaient morts insolvables, et Manette eut la douleur de voir leurs meubles délabrés vendus par les créanciers.

Mais sa tâche est loin d'être finie; il restait une orpheline à laquelle Manette sentait le besoin de se consacrer. La Providence sembla un moment bénir ses efforts; une occasion se présenta de marier cette jeune personne à un honnête homme, M. de Lhoste, possesseur d'une modique somme que le travail pouvait augmenter; mais ayant risqué et perdu tout ce qu'ils avaient dans une entreprise industrielle, les nouveaux époux se trouvèrent bientôt avec leur enfant dans la dernière détresse, devant à Manette, pour ses gages accumulés, plus d'argent qu'ils n'en avaient jamais possédé, et celle-ci restant non seulement l'unique servante du père, de la mère et de l'enfant, mais encore leur soutien et leur protecteur.

C'est alors qu'une personne âgée et riche, habitant la même maison, et témoin journalier du dévouement de Manette, se prit à l'envier à ses malheureux maîtres et eut l'idée coupable de la leur enlever pour se l'attacher. Elle lui offre d'abord dix mille francs et de bons gages si elle veut la suivre, puis vingt mille francs; singulière illusion de la richesse, qui croit que tout s'achète, et ne s'aperçoit pas que Manette eût perdu toute sa valeur si elle se fût seulement sentie hésiter. Au lieu de cela, cette noble fille refuse sans colère, naturellement, simplement, comme on répond à qui se trompe, et redouble d'efforts, de veilles, de privations, pour subvenir à toutes les nécessités de cette famille, qui venait de s'accroître encore par la naissance d'un second enfant.

Une vie comme celle de Manette fortifie l'âme, mais aux dépens du corps. Déjà elle n'était plus jeune, et sa santé se ressentait de tant de privations et de sacrifices; telle était cependant la puissance du dévouement véritable, et les grâces que le Ciel y attache, qu'il élève presque toujours les forces de l'être dont il s'empare au niveau du malheur qu'il veut secourir.

Ruiné, accablé de cuisants chagrins, M. Lhoste fut tout à coup frappé d'épilepsie. C'est dans les bras de Manette qu'il passait ses horribles accès. Mme Lhoste, tombée elle-même dans un affaiblissement qui s'étendait jusqu'aux facultés morales, était hors d'état de venir en aide à son époux. Et ne croyez pas que Manette eût une de ces organisations impossibles que rien n'ébranle; loin de là, le spectacle hideux qu'elle avait sous les yeux eût été rebutant et même contagieux pour elle si elle n'eût été préservée par l'ardeur de son dévouement et par une protection particulière de cette Providence qui vient en aide à ceux qui mettent leur confiance en elle. Seule en face du malheureux épileptique qui la couvrait de son écume, Manette le contenait, l'apaisait, et ne s'en séparait pas qu'elle ne l'eût remis, calmé et soulagé,

dans son lit. Il mourut, et elle fut seule encore à
recueillir son dernier soupir et à s'occuper de sa
sépulture.

Souffrante et malade elle-même, la voilà restée
avec la fille de ses premiers maîtres, la veuve Lhoste
et l'un de ses enfants. Il semblait que Dieu se fût
complu à mettre le dévouement de Manette à des
épreuves toujours nouvelles, comme pour avoir
l'occasion de montrer jusqu'où peut aller la vertu
inspirée par la religion. Mme Lhoste, atteinte d'une
paralysie au cerveau, tomba en enfance. Le sentiment que Manette lui portait semble alors changer de nature ; il devient celui d'une mère pour
son nourrisson. Même tendresse, même solleci-
tude de tous les instants. Elle lève, habille
Mme Lhoste, la couche, la fait manger, ne lui
adresse que d'affectueuses ou compatissantes paroles, heureuse lorsqu'elle peut ramener le sou-
rire sur ces lèvres si tristement inanimées par
quelque innocent artifice ou par un de ces re-
frains mélodieux qu'elle lui chante et que sa maîtresse aimait autrefois ! C'est en portant Mme Lhoste
dans ses bras et en la replaçant dans son lit que
Manette sentit en elle soudainement un craque-
ment, une douleur : elle était estropiée pour le
reste de ses jours.

Cette pieuse et admirable fille ferma encore les

yeux de Mme Lhoste : c'était la quatrième personne
de cette famille infortunée qu'elle déposait dans
la tombe après lui avoir consacré son existence
ici-bas, la quatrième qu'elle rendait à Dieu, et
on peut le dire, qu'elle n'aurait jamais rendue
qu'à lui. Mais sa mission n'était pas encore ache-
vée. Cette même personne qui avait cru à l'argent le pouvoir d'enlever Manette aux objets de
son dévouement, en apprenant la mort de
Mme Lhoste, crut le moment favorable et renou-
vela ses propositions. « Vous êtes libre maintenant,
dit-elle à Manette. — Libre ! répondit celle-ci ; la
fille de ma maîtresse n'existe-t-elle pas encore?
moins que jamais je m'appartiens, puisque je
suis seule son soutien. »

Manette a tenu parole, et s'est consacrée en effet
à l'éducation de cette enfant, dernier rejeton de
deux générations dont elle a été l'ange gardien.
On dit que le succès répond à ses soins. Puisse-
t-elle, à son tour, dans la reconnaissance de cette
enfant qui doit avoir en elle plus qu'une mère,
trouver enfin le repos et le bonheur qu'une vieillesse prématurée lui rend plus qu'à tout autre
nécessaire !

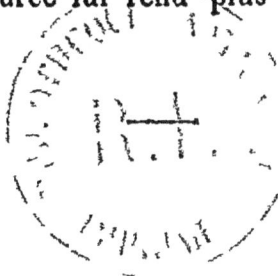

Emilie Corrette.

Née en même temps que le siècle, de pauvres cultivateurs de Nanteuil, Emilie Corrette était entrée en 1816 au service des époux Charveys, chargés de sept enfants, et que des revers de fortune ne tardèrent pas à mettre dans l'embarras avec une si nombreuse famille.

La digne servante, témoin de leur gêne, demande un court congé à ses maîtres, et en profite pour aller retirer des mains du notaire de son village la somme de quatre cents francs, toute sa fortune, montant de l'héritage que lui avait laissé son père. Elle revient et prie M. Charveys de disposer de cette somme. Il meurt sans avoir pu la lui rendre, et en outre, débiteur des gages qui depuis quelque temps n'avaient pas été payés à Emilie.

D'autant plus attachée à la veuve et aux enfants de son ancien maître qu'elle les voit plus malheureux encore, cette bonne fille continue de se dévouer à eux et leur sacrifie jusqu'à sa garde-robe, quand, après avoir disposé de tout ce qu'elle possédait pour vivre, Mme Charveys reste sans aucune ressource.

La mauvaise santé de cette pauvre dame la rend incapable de travailler ; c'est pour Emilie Corrette l'occasion de redoubler de zèle. Elle va faire dans un bateau de blanchisseuse une journée ou une demi-journée, suivant qu'elle a plus ou moins d'occupations dans le ménage, et la nuit elle se livre encore à des ouvrages de couture qu'elle entreprend pour des voisins. Et cependant elle trouve encore moyen de s'occuper des enfants, de les peigner, de les débarbouiller, de rajuster pour les plus petits ce qui a cessé de convenir aux plus grands, couvrant de ses propres vêtements ceux à qui elle n'en peut fournir d'autres, enfin leur prodiguant tous les soins de la mère la plus tendre.

Emilie Corrette, si dévouée à ses maîtres, ne pouvait manquer d'être bonne fille. Sa mère s'était remariée en secondes noces, et son mari, l'ayant rendue bien malheureuse, avait fini par l'abandonner, après avoir vendu tout ce qu'elle possédait, jusqu'à son lit. Instruite de l'état misérable de sa mère, Emilie court la chercher à Nanteuil et la fait transporter dans le logement de sa maîtresse. Il fallait un lit à cette bonne femme, vieille et infirme, et on n'en avait point. Emilie cède à sa mère l'unique matelas qui lui sert, et se résigne gaiement à coucher sur la paille, par-

tageant désormais, avec sa mère et la famille
Charveys, le pain qu'elle gagne à la sueur de son
front.

Emilie Corrette vivant très-retirée ainsi que sa
maîtresse, quelques voisins seulement étaient dans
la confidence de leur position; néanmoins sa rare
conduite a transpiré et lui a valu des admirateurs.
Jeune, laborieuse, d'une belle et forte constitution,
elle a été appréciée par plusieurs personnes qui lui
ont fait des propositions de mariage; entre autres,
un garde-forestier de la couronne et un des principaux ouvriers d'une fabrique de voitures : c'é-
taient des partis fort avantageux pour une fille qui
n'avait rien; mais elle a été sourde à ces propositions; elle ne veut quitter ni sa mère ni sa maîtresse, ni les enfants. Ce qui est remarquable, c'est
qu'elle ne paraît pas se douter qu'il y ait le moindre
mérite à se conduire de la sorte, et prétend ne faire
que son devoir.

Mme Charveys, ayant reçu un secours de la liste
civile, s'est empressée d'en offrir une part à sa
fidèle domestique; elle a donné cinquante frans à
Emilie pour acheter des chemises et quelques vêtements. Emilie reçoit les cinquante francs; mais
voyant que ce qui restait à sa maîtresse suffisait à
peine pour se procurer un peu de bois et payer
quelques dettes, elle court acheter pour cette dame

un manteau qui lui coûte trente francs. Lorsqu'on lui faisait des observations sur l'excès de son désintéressement, elle répondait : « Pouvais-je laisser ma malheureuse dame vêtue d'une simple robe par le froid qu'il fait? Avec vingt francs, je puis acheter deux chemises, deux paires de bas, une paire de souliers : cela me suffit pour le moment, la Providence fera le reste. »

Et la Providence l'a fait aussi.

Rose.

Nous ignorons son nom de famille. C'était une jeune fille malade et délaissée, qu'une dame riche, Mᵐᵉ de Saint-M..., qui faisait un bon usage de sa fortune, avait remarquée dans une de ses visites à l'Hôtel-Dieu. Cette fille pieuse et souffrante l'avait intéressée; les cœurs généreux se reconnaissent et se rejoignent à travers les distances du rang et de la fortune. Quand cette dame vit Rose, non pas guérie, car elle ne devait pas guérir, mais capable de la suivre et de faire un service peu pénible dans sa maison, elle se l'attacha, croyant ne faire du bien qu'à cette pauvre fille, mais se préparant, sans le savoir, les seules consolations qu'elle dût trouver un jour.

En effet, cinq ans se passèrent. Un jour dissipa toutes les ressources de Mme de Saint-M...., qui n'étaient assises que sur la munificence royale; et déjà elle commençait à être atteinte d'un mal impitoyable qui devait avec une cruelle lenteur la conduire au tombeau. Dans cet abîme, rien ne lui restait, parce que dans la prospérité elle n'avait pas prévu les mauvais jours. Tout son superflu, et davantage encore, passait dans le plus noble des luxes, celui de la charité.

Mais Rose restait à Mme de Saint-M.... Elle fut pour sa maîtresse une infirmière, une amie, une providence. Depuis cinq ans, grâce aux bontés de cette dame, elle avait thésaurisé, prévoyant pour elle-même les besoins d'une vieillesse anticipée. Avec cette épargne modique, elle pare aux premiers coups qui accablent sa bienfaitrice; avec son travail, elle pourvoit au reste.

Pour sa maîtresse elle retrouve ses forces, pour sa maîtresse elle demande. Les deux infortunées, aussi indigentes, aussi malades, aussi nobles l'une que l'autre, ne subsistent que du trésor d'affection et de reconnaissance que l'une trouve dans son cœur pour payer les bienfaits que l'autre verse sur

elle. Six ans s'écoulent dans cette lutte sans repos.
Rose avait tout donné, tout épuisé, quand un jour,
au milieu des douleurs atroces auxquelles Mme de
Saint-M.... devait probablement succomber, un
homme se présente qui promet à Rose de la guérir;
seulement il veut de l'or.

Rose en avait. Il lui restait un dernier trésor,
cher à sa maîtresse autant qu'à elle même, auquel
cette maîtresse lui avait recommandé de ne jamais
toucher, du moins pour elle. C'était quatre pièces
d'or, qu'au temps de leur prospérité commune,
dans une visite au calvaire où elles habitaient, une
main auguste, un enfant paré du charme de son
âge et de celui de sa grandeur, avait mises entre
les mains de Rose, en retour de la respectueuse hospitalité de Mme de Saint-M.... Ce don maintenant
a pour Rose une consécration de plus : celle du
malheur. Cependant Rose désobéit à sa maîtresse.
Elle livre son précieux trésor, sa ressource dernière, sans réussir à sauver celle à qui elle la sacrifie. Quelques jours après, Mme de Saint-M....
avait trouvé le repos dans le sein de Dieu. Rose
demeura seule, sans asile, sans pain, sans amitié,
n'ayant plus, dans ses propres infirmités, qu'elle
sentait maintenant, la force de travailler, ne de-
mandant plus, car ç'aurait été pour elle. Le bureau
de charité du xie arrondissement de Paris découvrit

la généreuse fille dans ses misères. Il s'est chargé
de la secourir et de solliciter pour elle un prix bien
mérité et qui lui a été accordé.

———

Suzanne Bichon.

Encore un dernier trait de dévouement d'une
servante pour ses maîtres. Il mérite trop bien sa
place à côté de ceux que nous venons de citer, pour
que nous nous dispensions de l'y placer.

Entrée en 1823 au service des époux de Butler,
Suzanne Bichon avait reçu de tout le voisinage le
surnom de la *bonne Suzette*. La famille qu'elle
servait avait été riche autrefois ; mais frappée par
les événements de Saint-Domingue, elle n'était pas
même dans l'aisance. M. de Butler n'avait pour faire
vivre sa femme et ses enfants qu'une petite place de
percepteur, qu'il occupait à la Rochelle, et qu'il
perdit en 1830. Leur gêne alors devint extrême. Il
leur fallut renoncer à l'unique servante qu'ils
eussent, à cette bonne Suzette ; madame de Butler,
la douleur dans l'âme, se mit elle-même à lui
chercher une place, et lui déclara qu'il fallait se
séparer, n'ayant plus le moyen de payer ses gages.

Se séparer ! quitter ses maîtres ! quitter ses chers enfants ! Et pourquoi ? qu'est-il besoin de gages ? Suzette n'en veut pas ; elle ne sera pas à charge à sa famille ; elle travaillera au dedans, au dehors s'il le faut. Elle conjure qu'on la garde, et lorsqu'enfin la délicatesse de M. et de Mme de Butler, vaincue par cette insistance, a cédé, la bonne Suzette remercie en versant des larmes, comme si on venait de lui accorder un bienfait.

Nous ne la suivrons pas dans toutes les vicissitudes d'espérances déçues et de malheurs croissants qui, depuis seize années, ont frappé ceux à qui elle avait lié son sort. De la Rochelle à Paris, de Paris à un village de la Manche, de ce village à Paris, elle est toujours la servante respectueuse, la providence tutélaire. Au moment où M. de Butler venait d'être réintégré comme percepteur dans l'administration des finances, en 1843, il mourut, laissant sa veuve et ses six enfants dans la plus profonde détresse, mais avec Suzanne Bichon.

Alors commença entre ces deux nobles femmes un combat de courage et de générosité. Mme de Butler résolut de se placer et de gagner à son tour, s'il était possible, le pain de sa famille. Suzanne s'y opposait ; son cœur se révoltait à l'idée de voir une personne qui lui était si chère, descendre ainsi du rang qu'elle avait jusqu'alors occupé ; elle avait des

espérances vaines , elle avait des ressources suppo-
sées , elle avait mille ruses ingénieuses pour retarder chaque jour le parti que sa maîtresse voulait
prendre. Enfin la mère l'emporta; Mme de Butler
devint dame de compagnie, et Suzanne, retirée
aux Batignolles , prit pour elle la charge des petits
enfants.

Son amour pour les orphelins décuplait ses
forces; mais que de peines , que de privations!...
Elle les renfermait en elle, elle les cachait à la
mère; la position de celle-ci ne lui permettait guère
de venir à son secours : ira-t-elle briser son courage, augmenter ses chagrins déjà si cruels ? Suzanne préfère faire argent de tout , vendre tout ,
jusqu'à ses vêtements; mais elle cache ses sacrifices , et tout paraît aller bien quand la pauvre
mère vient les visiter.

« Au moment où nous traçons ces lignes, dit la
notice, si vous pénétrez dans une modeste chambre
aux Batignolles, vous verrez dans leurs berceaux
trois orphelins; près de ces berceaux, deux femmes :
l'une verse des larmes en les contemplant, inquiète
qu'elle est de l'avenir ; l'autre, en étendant sa main
vers le ciel, lui dit d'espérer ! » — Et celle-ci est
Suzanne Bichon.

Marie Orange.

Marie Orange, à Yvetot, est une malheureuse fille qui eut, à l'âge de six ans, le bras droit fracassé d'un coup de fusil, par un de ces enfants désœuvrés et vagabonds, qui sont encore moins redoutables par le mal qu'ils font à autrui, dans leurs jeux désordonnés, que par les calamités que leur précoce dérèglement prépare à eux-mêmes et à la société.

La pauvre victime, cruellement amputée, semblait ne devoir grandir que pour être à charge à tout le monde. Elle a été l'appui de tout le monde, en prenant des années : âme forte, elle a tiré parti de son malheur pour s'élever à la résignation, au travail, au dévouement ; et, comprenant mieux qu'une autre ces misères du délaissement et de l'infirmité qu'elle avait surmontées, elle a consacré sa vie à les consoler. Elle soigne la vieillesse, elle élève l'enfance. Nous avons une nomenclature de seize infortunées qu'elle a ainsi, pendant des années, nourries, soignées et surtout rendues meilleures. Car ce qu'elle a admirablement appris dans la vie disgraciée qui a été son lot dans ce monde, c'est que nos véritables forces sont en Dieu et dans notre bonne volonté.

————

Madeleine Fort.

La commune de Prades, dans le département de l'Ariége, fut visitée en 1839, ainsi que quelques communes environnantes, par une épidémie extraordinaire, une sorte de fièvre jaune qui, pendant plus de dix mois, a sévi sans relâche et dévoré un sixième de la population. Presque tous les habitants étaient frappés. La terreur était universelle. Qui soignera les malades? qui ensevelira les morts ?

Le vieux pasteur, fidèle à son troupeau dans cette affliction, promène le saint viatique de demeure en demeure. Mais lui-même tombe ; qui l'assistera? qui lui rendra dans sa maladie les soins qu'il a donnés aux autres ? qui lui rendra les suprêmes devoirs? Après quatre mois, une ambulance est enfin établie : il y a des médecins; qui leur servira d'aide à toutes les heures du jour et de la nuit?

Une pieuse fille, Madeleine Fort, intrépide et

infatigable, remplit toutes ces tâches méritoires. Elle a vécu, depuis sa plus tendre jeunesse, pour les bonnes œuvres et pour la charité. C'était elle qui apprenait à lire aux enfants, qui visitait les malades. Tous ceux qui souffraient avaient coutume de l'appeler. Aussi avait-elle refusé tout établissement, pour mieux se livrer à ses saintes occupations. « Que deviendraient mes pauvres ? » disait-elle lorsqu'on lui parlait de mariage.

Quand l'épidémie éclate, c'est surtout alors qu'elle s'applaudit d'être seule et libre. Elle visite, elle assiste, elle panse, dans l'espace de dix mois, plus de cinq cents infortunés que la mort environne. Elle les sauve, ou bien elle les console, et c'est elle, elle seule, qui les accompagne à leur dernière demeure, pour répondre aux prières du prêtre. Elle est partout. Elle veille huit nuits sur dix. Ce sont les plus pauvres et les plus abandonnés, près desquels elle fait la garde la plus fidèle. Enfin sont arrivées, pour la relever, deux Sœurs de Charité, saintes filles, dont l'une ne tarda pas à être enlevée par le fléau qu'elle vient combattre, l'autre à tomber malade à son tour.

A leur arrivée, le vieux père de Madeleine, ses frères ont voulu l'arracher au péril, à celui du moins de la fatigue et de l'épuisement. Elle consent à s'éloigner ; mais c'est pour aller porter secours

aux villages d'alentour, également dévastés, et au
curé, qui, remplaçant sur le champ de bataille son
devancier mort dans la mêlée, s'était signalé après
lui par l'héroïsme de son courage chrétien et venait
à son tour d'être frappé. Il a appelé Madeleine. Elle
est allée assister celui même qui assistait tout son
troupeau. Faut-il vous dire que c'est la religion
qui soutient cette fille étonnante dans ces veilles,
dans ces journées effroyables? ne le devine-t-on
pas? à quelle autre source puiserait-on cette force
surhumaine ?

———

Boisdoux.

Eh quoi! me direz-vous, toujours des femmes!
les femmes seules sont donc capables de l'héroïsme
de la charité, les femmes seules ont-elles mérité les
prix fondés par M. de Monthyon?, Non, les hommes
ont eu aussi leur part de ces palmes; mais il faut
l'avouer, le plus souvent ils la doivent plutôt à des
actions d'éclat, à des traits d'héroïsme qui consis-
tent à exposer leur vie; et, on n'en peut discon-
venir, si les femmes ont moins reçu en partage
cette force physique qui leur permet de braver les

éléments déchaînés pour leur arracher une proie
en péril, elles sont en échange plus fréquemment
douées de cette patience persévérante qui opère de
grandes choses avec le temps et par le sacrifice
continuel de soi-même.

Cependant quelques hommes ont marché dans la
même voie, et nous nous plaisons aussi à les signa-
ler, de même que ceux dont les actes de courage
répétés constituent toute une vie de dévouement.
C'est d'abord d'un de ces derniers que nous allons
vous entretenir.

Matthieu dit Boisdoux est un homme rangé,
sobre, laborieux, qui travaille le jour, qui travaille
la nuit pour nourrir sa femme et élever ses enfants.
Son seul désordre est de prodiguer sa vie, cette vie
si nécessaire à tous les siens, pour le bien de ses
semblables.

Qu'il découvre au loin la lueur d'un incendie,
il y court, et vous pouvez compter qu'une fois
arrivé, il sera partout où seront les grands services
à rendre, les grands dangers à braver. Qu'un acci-
dent arrive sur la Seine ou sur l'Yonne, qu'un enfant, qu'un homme crient au secours, si loin que
soit Boisdoux, il l'entendra, et l'enfant, l'homme
seront sauvés.

On ne compte plus les incendies où a éclaté son
courage, les victimes qu'il a disputées aux deux

rivières de sa cité. Un jour, leurs flots débordés couvraient au loin la plaine, plusieurs quartiers étaient inondés. Les habitants, réfugiés sur les hauteurs, ne communiquaient plus qu'en bateau avec leurs maisons envahies. Trois d'entr'eux, qui étaient allés ainsi voir les ravages de l'inondation, remontent dans leur batelet et du pied le poussent au large. Ils n'avaient ni crocs ni rames. Ils s'en aperçoivent quand il n'est plus temps. Le fleuve les emporte ; le pont est devant eux ; les arches pour la plupart sont déjà cachées sous les eaux ; ils vont y être brisés. Ils crient au secours. Boisdoux les a entendus. Que fera-t-il ? ira-t-il chercher son bateau ? Point ; le temps presse. Il se précipite, il nage, il fera ensuite comme il pourra. Ce qu'il fit, le voici :

Les malheureux allaient toujours ; il était loin ; il les voyait fuir, arriver au pont. Quelles angoisses pour Boisdoux ! Enfin, il a tant peur pour ces trois hommes qui vont périr, il a fait de tels efforts, qu'il est arrivé, il a rejoint le bateau. A quoi bon pour un autre que Boisdoux ? Avec ce flot emporté, ce pont qu'on touche, sans rames, sans avirons, que peut-il de plus que ces trois hommes qui n'ont rien pu pour eux-mêmes ? Il a de plus qu'eux le courage le plus intelligent, celui qui se dévoue. Il y a là une lumière et une force divine : Boisdoux raidit son bras contre le batelet pour l'arrêter. Il se saisit de la corde qui pend, lutte contre le flot, et, comme il y faut ses deux bras, tant le flot est terrible, il prend de ses dents la corde qui les doit sauver; Dieu aidant, il les sauve. En effet, à force de courage et de fatigue, il arrive au rivage, épuisé mais content. Les trois hommes lui ont dû la vie.

Une autre fois, le coche d'Auxerre se brise contre une arche du pont de Montereau. Boisdoux a tout vu, tout entendu; il s'est élancé, il court, il jette sa veste, « car, a-t-il dit depuis, je savais qu'il y aurait de la besogne pour moi. » Le coche portait vingt-trois passagers. Ils étaient presque tous dans la salle commune. Le navire est englouti, sauf l'arrière, qu'on voit encore à fleur d'eau. Boisdoux y est arrivé, il est sur ce qui reste du pont. Et comme il s'enquiert des moyens de sauver ces malheureux, un homme qui se tenait cramponné dans l'eau jusqu'à la ceinture, lui répond : « Ils sont perdus! Qui pourrait penser à les sauver ?

— Moi, dit Boisdoux, je suis venu pour cela. » Et il cherche les issues. Une de ces fenêtres de navire qu'on appelle des sabords, était seule à moitié hors de l'eau. Elle est trop étroite pour lui donner passage. Mais tout autre moyen est

10

impossible. Il y passera. Vous l'auriez vu faire effort pour forcer l'entrée du sabord, pour plonger dans ce gouffre où ces infortunés luttent contre la mort, comme d'autres eussent fait pour en sortir. Enfin il entre, il est dans cet abîme. Il saisit une des victimes, une jeune fille, l'amène au sabord, la fait passer, respire, et se replonge dans le gouffre : il ramène un jeune homme encore vivant, puis encore une jeune fille, puis une autre, celle-ci ne vivait plus. Le temps s'écoulait dans cette lutte héroïque. La mort, malgré tout, allait plus vite que Boisdoux. Cependant il recommence, mais c'était en vain. Il n'y avait plus là d'êtres vivants que lui. Il faut qu'il se contente de ces trois vies qu'il a sauvées, de ces deux jeunes filles, de ce jeune homme, qui n'ont revu que grâce à lui la clarté du jour.

Enfin il se décide à revenir à la lumière, à sortir de l'eau, de ces ténèbres, de ce tombeau si rempli; il était épuisé de fatigue. Il fallut qu'on vînt à son aide, qu'on le tirât avec effort de ce sabord qu'il avait franchi tout seul quand il avait fallu se dévouer, devant lequel il faiblissait quand il n'avait plus qu'à se sauver lui-même.

Narcisse Daroux.

Cet ancien grenadier de la vieille garde, atteint de cécité, n'avait pour tout revenu que les quinze sous par jour qu'il gagnait à battre en grange, et sur lesquels il fallait, indépendamment de lui-même, nourrir sa fille et sa femme, qui, frappée d'aliénation mentale, était hors d'état de travailler. Il avait admis chez lui, comme pensionnaire, M. de Faucault, ancien officier, qui lui payait quatre-vingt-cinq francs par trimestre. Mais les six cents francs que ce militaire recevait annuellement de la liste civile, et qui formaient tout son revenu, ayant cessé d'être payés, et celui-ci se trouvant dans l'impossibilité de remplir ses engagements avec Daroux, et aussi de rembourser ce qu'il lui devait pour le passé, voulut se retirer.

« Où irez-vous ? lui dit Daroux, que deviendrez-vous ? » Et pendant deux ans et demi qu'a été suspendu le paiement de cette pension, qui semblait ne pas devoir être rétablie, Daroux a continué à pourvoir à tous les besoins de son hôte. Il est à remarquer que Daroux n'écoutait en cela que la bonté de son cœur. M. de Foucault n'a jamais été son officier ; il n'y avait pas d'autres liens

entre eux que ceux qui ont été formés par le
malheur.

———

François Jeandesboz.

François Jeandesboz est né à Vesoul , dans le
département de la Haute-Saône. Son père, qui
vivait du métier de perruquier, mourut en 1819 ,
laissant une veuve infirme et cinq enfants dans
une misère profonde. L'aîné de la famille étant
atteint de paralysie, François, qui n'avait que
onze ans, se substitue à lui dans tous ses devoirs,
apprend le métier de son père, et en six mois y
devient assez habile pour gagner l'argent nécessaire à l'entretien de cinq individus, riches aussi
de ce qu'il se retranchait, puisqu'il se réduisait à
ne manger par jour qu'une livre de mauvais pain,
pour en procurer plus abondamment de meilleur
à sa mère.

Celle-ci étant morte, Jeandesboz, à qui elle
n'a légué, avec ses enfants, que sa misère, a
pourvu non-seulement à tous leurs besoins, mais
encore aux frais de leur éducation ; il a fait apprendre à chacun d'eux un état d'un produit

suffisant pour les faire vivre : de plus, il a marié et doté son frère aîné ; il a équipé son frère cadet, soldat au 13ᵉ léger ; et, sur ces entrefaites, la sœur de son père ayant perdu la vue et ne pouvant plus demeurer dans la maison où elle servait, il l'a recueillie chez lui, où il lui prodigue les soins qu'il rendait à sa propre mère.

Pierre Bécard.

Bécard, né à Estaires (Nord), était domestique du marquis de Stinfort, qui fut emprisonné à Arras et périt victime de la révolution ; il avait eu occasion de connaître la dame de Chavilhac, née en Belgique, dont le mari se trouvait aussi en prison ; elle s'y était elle-même enfermée volontairement pour ne pas se séparer de lui.

Devenue veuve en 1812, elle sollicita long-temps le paiement des sommes dues à son mari. Elle se rendit enfin à Paris, dans l'espoir d'y poursuivre avec plus de succès ses réclamations. Efforts inutiles. Privée de tout appui, n'entendant guère la langue française, elle avait épuisé ses ressources, lorsque Bécard la rencontra ; et comme tous deux étaient de pays circonvoisins et qu'ils parlaient la même langue, la dame de Chavilhac lui fit confidence de ses malheurs. Bientôt dénuée de tout, elle passait les jours et les nuits dans les larmes, cachant son affliction et sa misère. Par surcroît de malheur, sa vue s'affaiblit à tel point qu'elle fut hors d'état de faire aucun travail.

Bécard, qui gagnait à peine de quoi subsister lui-même, s'empressa de l'aider de ses faibles moyens ; et comme elle eût rougi de se faire inscrire au bureau de charité, il s'y fit inscrire pour elle ; il mangeait le pain bis qu'il recevait, et achetait du pain blanc pour la dame. Que ne peut la pitié pour le malheur, quand elle est profonde ! Dans le dessein de se procurer des secours plus abondants, Bécard, surmontant toutes ses répugnances, se soumit à demander l'aumône dans une place de Paris ; mais ne pouvant, malgré son zèle, soutenir longtemps l'humiliation de la mendicité, il essaya le métier de brocanteur ou marchand d'habits.

Cependant, le 25 septembre 1822, la dame de Chavilhac tomba malade dans la petite chambre qu'elle occupait rue Saint-Thomas-d'Enfer. Bécard lui propose de la veiller durant les nuits ; il les passait sur une chaise. Ce ne fut qu'au bout de trois

mois qu'il accepta un matelas qu'une voisine lui
offrit et· qu'il avait jusqu'alors refusé, dans la
crainte de s'endormir et de ne pas entendre la voix
faible de la malade.

Après avoir veillé la nuit près d'elle, il partait
tous les matins à sept heures pour vendre ses
habits dans les rues et faire ses marchés au
Temple, et il priait une voisine de prendre soin
de la dame en son absence. Quelquefois il rentrait dans le courant du jour, soit pour avoir de
ses nouvelles, soit pour apporter quelques secours.

Bécard était asthmatique ; il avait des infirmités. N'importe, il se condamna aux plus dures
privations, et se réduisit à ne prendre, soir et
matin, qu'une soupe faite avec du pain et du
gruau.

Sa charité ne se ralentit jamais, bien que les
soins devinssent chaque jour plus pénibles par
le progrès de la maladie. Il ne parlait à la dame
de Chavilhac qu'avec le respect d'un serviteur, exé-
cutant ses volontés sans murmurer, quoique les
souffrances qu'elle éprouvait eussent aigri son caractère. Un jour que cette infortunée lui faisait des
reproches sur ce que le matin il partait trop tôt,
et que le soir il rentrait trop tard, Bécard se contenta de lui répondre : « Si vous étiez riche et que

vous n'eussiez pas besoin de moi, je pourrais bien ne pas revenir ; mais vous êtes pauvre et malheureuse, je reviendrai toujours. »

Dix jours avant la mort de la malade, Bécard, convaincu qu'elle ne pouvait pas rester seule, cessa son petit commerce et ne la quitta plus;

Elle mourut le 16 mai 1823. Il lui rendit les derniers devoirs en accompagnant son convoi, et comme il restait cinq francs d'un secours que M. le curé de Saint-Jacques avait envoyé, il les reporta, et demanda les prières de l'Eglise pour le repos de l'âme de la défunte. Fidèle au malheur jusqu'au delà du trépas, Bécard fit ensuite de ses propres mains une croix en bois, au bas de laquelle il écrivit le nom de la dame de Chavilbac, et qu'il plaça à l'endroit où elle avait été inhumée.

———

Les époux Trotot.

C'est surtout un touchant spectacle que celui d'un ménage uni par les sentiments d'une commune charité. Les époux Trotot sont de pauvres et honnêtes tisserands ; l'hospice de Provins leur confia trois petits enfants trouvés ; ils élevèrent avec grand soin leurs jeunes pensionnaires. Quan i les enfants furent grands, l'hospice les réclama : le jour fut pris pour les reconduire à Provins.

C'est alors que se révéla toute la tendresse que les deux époux avaient inspirée à leurs nourrissons. La veille du départ, les trois enfants prennent la fuite ; on les cherche, la lanterne à la main ; on en retrouva deux qui étaient en larmes, au désespoir de quitter ceux qu'ils appelaient leur père et leur mère, et qui les avaient rendus frères d'étrangers qu'ils étaient l'un à l'autre.

Le lendemain matin, on retrouva le troisième enfant caché dans le creux d'un saule, où il avait passé la nuit, et qui ne voulait pas non plus quitter le toit paternel. Les époux Trotot pleuraient comme leurs enfants ; la mère s'écrie qu'elle ne s'en séparera jamais, le père est attendri ; l'hospice ne paiera plus de rétribution : mais on ne se promet pas moins, de part et d'autre, de ne plus se quitter ; on donnera au métier plus d'activité, on vivra comme on pourra ; on compte surtout sur l'aide du Ciel, qui effectivement ne leur a pas manqué.

11

Catherine Gauthier et Nicolas Rol.

Plus d'un an avant son mariage, Catherine Gauthier avait recueilli chez elle Agathe Clément, orpheline sans fortune, qu'une maladie cruelle et d'incurables ulcères empêchaient de se livrer à aucun genre de travail. Agathe Clément n'avait auprès de Catherine Gauthier d'autres titres que ceux que donne le malheur.

Nicolas Rol, soldat pendant vingt-deux ans, qui, pour prix de ses travaux, n'a remporté que l'honneur d'avoir bien servi son pays, rentre dans sa commune. Catherine n'est point riche, mais elle est vertueuse et bonne. Rol, loin d'être effrayé par les engagements qu'elle a, en quelque sorte, contractés avec Agathe Clément, les approuve, les confirme ; et pendant plus de douze ans, sans autre ressource que son travail et celui de sa femme, il fait subsister l'infortunée Agathe.

Dominique Musset et Anne Polemer,

C'est encore un mari et sa femme qui s enten-
dent à merveille pour faire le bien. Ce n'est pas
une seule action généreuse qui les recommande à
l'admiration ; c'est une longue suite de bonnes
œuvres, c'est une vie entière remplie de charité,
de dévouement pour tous les genres d'infortune.
Il serait trop long de retracer en détail leurs actes
de bienfaisance. On est toujours assuré de les trouver là où il y a du bien à faire, des douleurs à
apaiser, des larmes à sécher. C'est un besoin pour
eux de courir au-devant de toutes les infortunes
et de se consacrer au soulagement de toutes les
souffrances ; mais loin de publier leurs bonnes
actions, ils sont sans cesse occupés du soin de les
dissimuler ou d'en affaiblir le mérite. Personne,
enfin, ne pratique mieux que les époux Musset
l'admirable vertu de faire le bien sans ostentation,
et de le faire avec cette persévérance et ce rare
courage que rien ne peut jamais rebuter. Aussi
sont-ils généralement considérés comme la providence des pauvres et comme des anges que le
Ciel envoie pour venir au secours de toutes les misères.

L'obole du pauvre.

Voici un fait tout petit, tout modeste, à peine semble-t-il valoir la peine qu'on l'écrive, et pourtant j'ai éprouvé un plaisir infini à l'entendre raconter, et j'en éprouve encore tout autant à le retracer. Je l'ai recueilli après une longue course, et je n'ai pas regretté mes pas.

Mme R..., dont j'ai déjà entretenu mes lecteurs, est toujours bien peu aisée. En janvier 1847, après s'être résignée à des démarches bien pénibles, elle venait d'obtenir des cartes que la ville de Paris alloue aux pauvres ménages pour ne payer le pain que seize sous les deux kilogrammes, ce qui devait faire, pour cette famille infortunée, une économie de six sous par jour ; ce n'était pas à dédaigner pour elle.

Mais ces cartes obtenues, il restait encore pour ce jour-là un embarras qui paraissait insurmontable ; c'était celui de trouver le reste de l'argent nécessaire pour acheter du pain. Le père avait déclaré ne pouvoir procurer un centime, ayant reçu trop d'avances du patron chez lequel il travaillait pour oser en solliciter de nouvelles ; et il était parti pour son bureau, en disant à sa femme de ne pas compter sur lui et d'aviser elle-même aux moyens de pourvoir à la subsistance de ce jour-là.

Mais à force de faire usage de toutes ses ressources possibles Mme R... les avait depuis longtemps épuisées, et n'ayant à recevoir le prix d'aucun des petits travaux à l'aiguille auxquels elle se livre quand elle le peut, pour suppléer à l'insuffisance du gain de son mari, elle se creusait la tête avec sa fille aînée pour imaginer un moyen de sortir d'embarras; ni l'une ni l'autre n'en pouvaient trouver.

Pendant qu'elles délibéraient, on sonne : c'est la portière qui apporte une lettre remise par un petit garçon inconnu, aussitôt parti. Cette lettre était d'une écriture grossière; elle contenait deux pièces de dix sous avec un morceau de papier contenant ces mots :

La Providence n'abandonne jamais ses enfants.

C'était l'obole d'un enfant ou d'un pauvre. On ne peut deviner l'auteur du bienfait.

Que de riches devraient imiter cette manière délicate de faire l'aumône ! Il faut rendre justice, il y en a beaucoup qui la font, mais non pas tous.

Bienfaisance publique et charité privée.

Qui oblige vite oblige deux fois, dit un proverbe. Dans certaines occasions le retard c'est la mort ; c'est ce que n'ont pas encore bien compris certaines institutions plus ou moins charitables dont les lenteurs administratives sont quelquefois bien funestes aux malheureux que la misère force à réclamer leurs secours. Ce n'est pas ainsi que procédaient les couvents hospitaliers d'autrefois, ouverts à toutes les infortunes. Ce n'est pas non plus sans doute l'intention des pieux fondateurs qui ont voulu suppléer à leur défaut en dotant les hôpitaux qui subsistent aujourd'hui. N'y aurait-il pas un moyen d'en rendre les secours moins parcimonieux et surtout plus actifs ?

Une pauvre femme demeurant à Paris, rue des Martyrs, avait toujours pourvu par son travail aux modiques nécessités de sa longue existence ; mais enfin, son grand âge, ses infirmités croissantes l'ayant mise hors d'état de travailler, elle obtint des secours du bureau de bienfaisance de son arrondissement ; sans doute ils étaient bien mesurés ; mais il lui fallait si peu pour vivre, à cette pauvre

femme, en attendant l'admission qu'elle sollici-
tait à l'hospice de la Salpétrière ! Cette admission,
elle l'obtint enfin ; l'avis qu'elle en reçut ne lui
permettait toutefois d'en profiter qu'après le délai
de dix jours, comme il se pratique en pareil cas,
tandis que par une bizarrerie (pour ne rien dire de
plus) que l'on ne saurait expliquer, tout secours
du bureau de bienfaisance cesse dès l'instant qu'on
a reçu avis de cette admission.

Ainsi privée de toutes ressources et de jour en
jour plus malade, la malheureuse femme, pendant
ces dix mortels jours, fut obligée, pour subsister,
de se défaire du peu de guenilles qui garnissaient
son misérable galetas.

Le dixième jour, on vendit pour elle, car elle
n'en avait plus la force, sa paillasse, sa dernière
chaise, le tout pour une somme de trois francs,
laquelle lui était nécessaire pour payer la voiture
qui devait la conduire à son dernier refuge. On sait
quelle énorme distance sépare la rue des Martyrs
du boulevard de l'Hôpital.

La belle-fille de cette femme, lui ayant rendu
ce service, amena la voiture et y fit monter sa
belle-mère, qu'elle accompagna jusqu'à l'hospice,
où la pauvre femme croyait n'avoir plus qu'à se
reposer de toutes ses fatigues ; mais arrivée là, elle
apprit qu'on ne pouvait la recevoir qu'elle n'eût

auparavant accompli la formalité d'aller se présenter au bureau de l'administration, situé parvis
Notre-Dame.

Force fut à la voiture de rebrousser chemin, et
arrivée au parvis, ces femmes y trouvèrent les
bureaux fermés ; l'heure était passée, il fallait de
toute nécessité remettre l'affaire au lendemain.
Déjà malade, et de plus exténuée par ces dernières
secousses, la pauvre femme, reconduite à son logement de la rue des Martyrs, émut de pitié la portière et les locataires qu'elle rencontra en remon-
tant péniblement l'escalier. Pourtant aucun ne lui
offrait un asile ; elle rentrait dans sa mansarde nue,
où désormais elle ne pouvait plus se coucher ni
s'asseoir, et se voyait réduite à s'étendre par terre,
n'ayant pour oreiller que la muraille. Une pauvre
vieille fille demeurant sur le même carré, ne le
voulut pas souffrir, et la pressa de venir partager
sa chambre et son lit.

Vers minuit, la pauvre fille hospitalière fut ré-
veillée par les râlements de sa malheureuse compagne, dont les fatigues du jour avaient surpassé
les forces et aggravé la situation. Pour lui porter
secours, elle essaya de ranimer sa lampe, mais
l'huile manquait, et elle ne put obtenir qu'une
clarté douteuse et de peu d'instants pour éclai-
rer l'agonie et la mort de la vieille ; puis la lampe

s'éteignit aussi. N'osant déranger personne dans la
maison, et doutant de la charité de ceux dont la
compassion n'avait pas été jusqu'à secourir la
vieille femme encore en vie, la pauvre fille, privée
de lumière et de feu par le froid piquant qu'il
faisait, fut obligée, pour ne pas mourir elle-même,
de se recoucher à côté de ce cadavre jusqu'à ce
que, le jour étant venu, elle pût aller faire sa
déclaration.

Ç'aurait été ₁ triste spectacle pour tout œil
humain. Mais que les regards de Dieu dûrent se
reposer avec complaisance sur ce méchant grabat
où reposaient un cadavre et une pauvre femme
endormie. Partager son lit avec la douleur, c'est
beau, c'est un acte rare. Mais avec la mort !
n'est-ce pas le sublime de la charité et de l'abnégation ? Et quelle pureté de conscience ne
faut-il pas pour rester si paisible à côté de la
mort !...

Mme de Grammont.

Parmi les femmes remarquables qui ont honoré
la charité et la religion, il faut certainement citer

Mme Eugénie de Grammont, supérieure de la maison du Sacré-Cœur, rue de Varenne à Paris. Nos oreilles ont reçu le retentissement du doux bruit de ses vertus et des regrets qu'a soulevés sa mort; bruit qui s'apaisera bientôt dans cette capitale où tout s'oublie vite pour faire place aux nouveaux événements qui s'y succèdent de jour en jour, bruit dont il ne restera qu'un religieux souvenir dans l'âme de ceux qui l'ont connue et auquel nous voulons faire participer les personnes à qui tout motif d'édification est toujours précieux.

Née, en 1788, de nobles parents que la tempête révolutionnaire obligea de l'emmener sur la terre de l'exil, Mlle de Grammont, élevée au sein du malheur par une mère chrétienne, acquit de bonne heure cette maturité et cette discrétion qui sont si rarement l'apanage de la jeunesse. Rentrée en France dix ans plus tard, à une époque encore bien difficile, la nécessité, la confiance que lui témoignaient ses parents l'habituèrent dès lors à ne parler légèrement ni des hommes ni des choses; mérite rare qui devait la distinguer un jour dans le poste important auquel la Providence la destinait.

C'est dans la retraite où elle vécut durant toute sa jeunesse que se développèrent ses vertus, sa

rare sagesse et les sublimes inspirations qui la
portèrent à se dévouer à l'éducation chrétienne des
jeunes personnes. Ce fut à dix-huit ans qu'elle
entra dans la maison du Sacré-Cœur, établie à
Amiens, et elle avait vingt-huit ans lorsqu'elle fut
appelée à diriger celle de Paris. Ses lumières
justifiaient un tel choix ; et, pendant trente années,
elle a montré dans l'exercice de ces importantes
fonctions tous les genres de mérites.

Son grand cœur témoignait une tendresse de
mère à ces jeunes élèves, en qui elle ne voyait pas
seulement d'intéressants enfants confiés à ses soins,
mais des épouses et des mères futures, des femmes
dont la conduite devait un jour servir d'exemple
dans la société, des êtres privilégiés qui atten-
daient une mission importante. Dans ces âmes
candides et innocentes, elle cultivait le germe des
sentiments si simples, si modestes et à la fois si
sublimes qui doivent distinguer la femme chrétienne. Mais ni ces soins maternels, multipliés et
étendus, ni les devoirs de la religieuse, ne lui firent
jamais négliger ceux de la charité générale qui doit
unir tous les chrétiens. Elle croyait qu'une épouse
de Jésus-Christ, et surtout une supérieure de communauté, bien loin de s'en dispenser, devait en
montrer l'exemple au monde. Mme de Grammont,
quelque nombreux et importants que fussent les

devoirs de sa vocation, était donc encore toute aux personnes qui venaient réclamer ou ses conseils ou son secours.

Malgré le voile de l'humilité qui s'efforçait de cacher tant de bonnes œuvres, le mérite de Mme de Grammont ne manquait pas d'appréciateurs.

« C'était surtout dans les circonstances difficiles et imprévues, dit un écrivain qui la connaissait bien, quand autour d'elle l'inquiétude et la crainte semblaient troubler tous les esprits, que le sien faisait éclater sa force et son énergie. La netteté de ses réponses, la sagesse de ses résolutions, prises sans hésitation et sans embarras, attestaient, avec un génie supérieur, cette fermeté d'âme et cette promptitude à prendre un parti, qui sont l'attribut essentiel des esprits aptes à gouverner les autres. Mais à ces qualités, qui sont quelquefois accompagnées de sécheresse et de raideur, elle joignait la bonté la plus expansive, une charité affectueuse et tendre qui faisait chérir l'obéissance et confondait dans un sentiment unique le respect et l'amour. »

Entre les dignes prélats qui professèrent une estime particulière pour Mme de Grammont, Mgr de Quélen, archevêque de Paris, lui fut uni par les liens d'une sainte amitié ; et elle se manifesta de part et d'autre d'une manière bien touchante lorsque indignement privé de son domicile, asile de toutes les vertus, le pasteur, obligé de recourir à l'hospitalité de ses brebis, donna la préférence à la retraite que lui offrait la supérieure du Sacré-Cœur. Nos plus jeunes lecteurs ne savent peut-être pas qu'à une époque d'orages politiques et d'effervescence populaire, époque encore bien récente, en 1831, ce même peuple parisien, objet constant de la charité de son premier pasteur, et qui bientôt encore devait éprouver, à l'occasion d'un horrible fléau, un redoublement de son zèle, ce même peuple, aveugle en sa fureur, par une injustice qu'aucune haine politique ne saurait autoriser ni défendre, après avoir, sans motif, fait circuler d'ignobles calomnies sur le saint archevêque, poussa un jour sa rage jusqu'à démolir le palais archiépiscopal, à précipiter dans les flots les meubles qu'il contenait et sa précieuse bibliothèque; tout fut détruit, il ne resta pas pierre sur pierre dans ce lieu dévasté. Réduit à l'alternative de retrancher à ses pauvres ce qui aurait été nécessaire pour se procurer un logement convenable, ou de demeurer sans asile, le choix du saint prélat fut bientôt fait. A l'exemple du Sauveur, il accepta l'hospitalité de ses plus chers disciples. Les dames du Sacré-Cœur et celles de Saint-

Michel furent les *Marthes* et les *Maries* qui
jouirent tour à tour de cet heureux privilége et
qui, en rendant leurs soins à celui qui était pour
elles le représentant du Sauveur, ainsi qu'en re-
cueillant ses paroles les plus intimes, goûtèrent
la pieuse satisfaction de remplir un saint devoir
et de trouver leur récompense dans leur action
même. Mais nulle ne l'a cédé à Mme de Grammont en dévouement pour un tel hôte. Après
la perte d'un si vénérable et si précieux ami,
Mme de Grammont, qui puisait dans sa foi la force
dont elle avait besoin pour survivre à une telle
blessure, lutta encore quelques années, malgré
sa santé délicate et la multiplicité de ses occupations, contre la langueur croissante qui minait sa
constitution.

Son âme ne participait en rien des infirmités de
son corps. C'était toujours la même présence d'esprit, la même force d'âme, qui, si elle est le fruit
d'une heureuse organisation, l'est aussi d'une conscience paisible et d'une parfaite conformité à la
volonté divine. En approchant de son dernier moment, elle put se rendre le rare témoignage d'y
avoir toujours été préparée.

Qui de nous, en jetant un regard sur sa vie
passée, n'a pas lieu de laisser échapper quelque
regret par rapport à l'état qu'on a embrassé, dans

lequel on a vécu, et les espérances de bonheur qui ont été déçues. Il n'en est pas ainsi de Mme de Grammont ; son testament témoigne qu'elle meurt très-heureuse d'avoir vécu religieuse du Sacré-Cœur ; et cependant ce n'est pas un jour, mais quarante années qu'elle a passées dans cette sainte condition.

Mme de Grammont a rendu son âme à Dieu le 19 décembre 1846, à l'âge de cinquante-huit ans.

Mme de Chàteaubriand, morte en février 1847.

Encore une des illustrations de la charité que la mort vient d'enlever à la terre pour ajouter un ornement au ciel. Femme distinguée par les qualités de son esprit aussi bien que de son cœur, compagne de l'homme le plus célèbre, du plus grand écrivain de notre époque, Mme de Chateaubriand est morte comme elle avait vécu, dans les sentiments de la plus profonde piété.

Quoiqu'il dût lui en coûter de se séparer de celui qui méritait d'en être si tendrement aimé, elle n'en a pas moins, en femme forte et chré-

tienne, fait avec résignation le sacrifice de sa vie.
Sa mort fut une grande perte pour les malheureux dont elle était la providence. Avec une fortune que les événements politiques avaient exces-
sivement réduite, l'inépuisable charité de cette
femme angélique trouvait encore moyen de secourir un grand nombre d'infortunés. De concert
avec une auguste princesse, elle avait fondé, dans
sa propre maison, l'infirmerie dite *de Marie-
Thérèse*, asile ouvert aux prêtres pauvres et infirmes. C'est là qu'elle a été enterrée, au milieu
des prières de ces saints lévites, qui, accablés de
travaux et d'années, n'ont plus que la force d'é-
lever leurs cœurs et leurs mains tremblantes vers
le ciel, mais dont les vœux reconnaissants doivent
être d'un bien grand poids dans la suprême ba-
lance.

Précieuses paroles d'un grand homme.

Nous avons sous les yeux une lettre de M. de
Chateaubriand à un jeune poëte ; nous ne pouvons
résister au désir d'en extraire, pour la consolation des amis de la religion, ce fragment remarquable :

« Si j'en étais à recommencer ma vie, je n'é-
crirais pas un seul mot, et je voudrais mourir
complétement ignoré ; mais je serais toujours chrétien comme je l'ai été et plus que je ne l'ai été.
Tout compté, il ne reste dans la vie qu'une chose,
la religion ; c'est elle qui donne l'ordre et la liberté
dans ce monde, et, après cette vie, une vie meilleure. Sans doute j'ai eu, dans les chagrins de mon
existence, des moments d'incertitude et de langueur ; mais en avançant vers le terme où j'arri-
verai bientôt, mes pas se sont affermis, et j'ai
d'autant plus de foi dans cet accroissement de mes
forces que mon esprit n'a rien perdu de la vigueur
de la jeunesse. »

En admirant les nobles sentiments qu'exprime
ici l'auteur du *Génie du christianisme* et des
Martyrs, applaudissons-nous cependant de ce qu'il
n'a pas toujours gardé le silence dans lequel il
se complaît aujourd'hui et qu'il semble regretter
de n'avoir pas toujours observé ; s'il y eût gagné
quelque repos, nous y aurions perdu les plus belles
pages de notre littérature moderne, et une des colonnes qui ont aidé à relever la société déchue et
flétrie par l'effet des pernicieuses doctrines du dix-
huitième siècle et du choc épouvantable qui en fut
la suite.

M. de la Salle.

Le perfectionnement, l'extension et les heureux résultats obtenus par l'institut des Frères de la Doctrine chrétienne sont aujourd'hui trop remarquables et trop avérés pour n'être pas généralement reconnus et appréciés. Jamais œuvre plus laborieusement enfantée n'a produit des fruits si précieux, si influents sur l'avenir des peuples que de vains socialistes s'efforcent inutilement de régénérer par d'autres voies que celle d'un enseignement religieux.

La question de la canonisation du vénérable fondateur des Ecoles chrétiennes, qui occupe en ce moment l'Eglise, jointe aux besoins sociaux d'aujourd'hui, auxquels il a si habilement pourvu, tout concourt à en faire un homme actuel et qui doit à ce titre, uni à celui que lui donnent ses exemplaires vertus, être cité dans ce recueil.

Jean-Baptiste de la Salle naquit au milieu du dix-septième siècle, de parents distingués par leur piété autant que par leur noblesse. Dès sa plus tendre enfance, il montra des dispositions à ce qu'il devait être un jour, et la vocation du sacer-

doce se développa de bonne heure en lui. Ses
parents désiraient aussi consacrer un de leurs fils
au Seigneur; mais ils n'avaient pas destiné l'aîné
au service des autels, et le sacrifice, n'étant pas
de leur choix, n'en dut être que plus agréable au
Seigneur, qui aime surtout l'holocauste de la
volonté.

Dès l'âge de dix-sept ans, nommé chanoine de
la métropole de Reims, où il était né et qu'habitait sa famille, le jeune de la Salle se faisait
remarquer par une angélique ferveur, que l'habitude de remplir des fonctions sacrées ne diminua
en rien par la suite, puisqu'on raconte de lui que
son seul aspect, lorsqu'il célébrait les saints mystères, faisait rentrer les pécheurs en eux-mêmes et
les portait à se convertir.

La nécessité de perfectionner ses études pour
prendre le grade de docteur en théologie, l'obligea
de venir habiter Paris, où, pour éviter toute distraction étrangère, il vint se ranger sous la règle
de Saint-Sulpice.

Le Ciel, qui destinait M. de la Salle à un enseignement non moins grand dans ses résultats, mais
plus simple dans son application, interrompit le
cours de ses études par la mort de ses parents,
qui l'obligea, en qualité d'aîné de sa famille, à
retourner dans sa ville natale pour y prendre la

tutelle de ses jeunes frères et sœurs dont il était le protecteur naturel.

Ce fut dans l'exercice des soins paternels qu'il donna à sa jeune famille que se développa en lui cet amour et ce zèle pour l'enfance, qui devaient bientôt le guider vers le but de sa principale mission sur la terre.

La sollicitude avec laquelle il veillait sur les pupilles que le devoir avait confiés à ses soins ne l'empêchait pas de s'avancer avec ardeur dans la route qu'il s'était tracée vers le sanctuaire et de recevoir successivement les saints ordres. Les premiers essais de son zèle s'exercèrent dans une petite ville qui avait été longtemps privée de tout enseignement religieux et dont les mœurs se ressentaient de cet abandon. Son exemple et ses discours produisirent des fruits qui tenaient du miracle.

M. Roland, directeur du jeune prêtre, ayant fondé une communauté dite de l'Enfant-Jésus pour l'éducation des pauvres filles, désira de l'associer dans le gouvernement de cette communauté; ce que le jeune chanoine ayant accepté par obéissance, il se vit bientôt, par la mort du fondateur, chargé seul d'un établissement qui manquait de ressources, tellement qu'il était question de le supprimer. Mais M. de la Salle sut plaider si éloquemment la cause de cette institution auprès des autorités de la ville de Reims, qu'il réussit à la leur faire approuver et à obtenir des lettres-patentes qui en garantirent l'existence.

Le bien que produisit bientôt cette école de filles, si bien dirigée, fit sentir le besoin d'en avoir de semblables pour les garçons : c'est ainsi que le saint prêtre conçut la pensée qui devait être le germe d'une si grande institution, laquelle, de même que l'arbre produit par le grain de sénevé, devait un jour étendre son ombre sur toute la terre. Quelques jeunes hommes de bonne volonté, formés par ses soins, se joignirent à lui pour ouvrir des écoles chrétiennes et gratuites qui ont servi de modèles à toutes les écoles primaires subséquemment établies en France; le mode d'enseignement simultané, aujourd'hui généralement répandu, ayant été inventé par M. de la Salle, à cause de la nécessité d'instruire un grand nombre d'enfants à la fois.

Comme toutes les œuvres réellement utiles et inspirées de Dieu, celle-ci éprouva longtemps les plus grandes contradictions, et M. de la Salle passa sa vie à lutter contre toutes sortes d'obstacles, au milieu desquels l'œuvre de Dieu ne laissa pas de grandir et de fructifier. Aucune entrave ne lui fut épargnée; ni les murmures de ses

concitoyens, et même des chanoines, ses collègues,
humiliés de le voir descendre au rang de maître
d'école, ni les découragements de ses disciples,
ni les calomnies qui indisposèrent contre lui les
supérieurs ecclésiastiques, ni les insultes de la
populace; et ce ne fut pas l'affaire d'un peu de
temps seulement, mais l'histoire de sa vie entière.
Au découragement de ses disciples, il répondit en
distribuant tout son bien aux pauvres et en se
faisant pauvre comme eux, pour marquer son
extrême confiance en la Providence et la leur faire
partager.

Aux calomnies, il n'opposa que l'humilité, la
douceur, l'autorité d'une sainte vie; et son institut
croissait toujours malgré la misère et les dé-
tracteurs. A sa mort, il était répandu par toute la
France. Aujourd'hui, il s'étend dans toute l'Europe,
l'Asie, l'Afrique et l'Amérique; et les Frères de
la Doctrine chrétienne sont devenus une grande
puissance, mais puissance pleine de douceur, puissance tout intellectuelle, qui n'agit que pour le bien
des peuples.

Homme d'oraison autant qu'homme d'action,
le vénérable M. de la Salle n'aurait jamais obtenu
ni préparé de tels résultats sans une parfaite dé-
pendance de l'Esprit de Dieu, qu'il consultait sans
cesse. La prière avait tant d'attrait pour lui, qu'il

essaya plusieurs fois de se retirer dans la solitude, pour mieux se recueillir dans le sein de Dieu ; mais les soucis toujours renouvelés que lui suscitait le soin de ses maisons, ne le laissaient pas longtemps se livrer à cet attrait sublime. Il ne devait se reposer que dans le ciel. Il mourut le vendredi saint, 7 avril 1719, à l'âge de soixante-huit ans, en sa maison de Saint-Yon, de Rouen, où il avait ouvert un pensionnat modèle, après avoir spécialement recommandé à ses disciples la plus parfaite soumission à l'Eglise, la dévotion particulière envers la sainte Vierge et saint Joseph, patron de leur ordre, l'intime union entre eux, l'obéissance la plus aveugle envers leurs supérieurs, le désintéressement, et enfin toutes les vertus qu'on voit régner parmi eux, et qui les rendent si grands et si forts dans leur humble profession.

A peine fut-il mort qu'on lui rendit justice ; ceux mêmes qui lui avaient été opposés le proclamaient saint. C'était à qui aurait obtenu de ses cheveux, de ses vêtements. De nombreux miracles obtenus par son invocation, joints au bien immense que ses œuvres ont produit, et à l'édification de ses vertus privées, portées au plus haut degré, l'ont signalé au Pasteur suprême comme digne d'être proposé à la vénération des fidèles.

Les procédures d'usage se sont faites à la grande
gloire du serviteur de Dieu ; et l'on peut espérer
que bientôt des milliers de voix pourront adresser
publiquement leur reconnaissance et leurs hommages au bienfaiteur de l'enfance.

Associations religieuses d'ouvriers.

La question de l'enseignement des Frères des
Ecoles chrétiennes nous amène naturellement à
parler des associations religieuses d'ouvriers auxquels ils président, et qui sont composés la plupart de leurs anciens élèves.

Le christianisme, qui a toujours soulagé la misère des peuples, s'occupe sans cesse des moyens
d'améliorer leur sort, moyens toujours propor-
tionnés aux besoins nouveaux qui surgissent des
progrès ou de la décadence des sociétés.

La moralisation doit résulter naturellement de
ces réunions du dimanche soir, où les plaisirs funestes du cabaret sont remplacés par des conférences religieuses et instructives, pleines d'intérêt,
dans lesquelles, faisant trêve à la gravité qui règne

ordinairement dans les temples, on les intéresse par une exhortation familière, entremêlée d'attrayants récits, qui vont jusqu'à provoquer chez eux une innocente hilarité dont ne s'offense ni le ministre de Dieu, qui se complaît aux amusements innocents de ses enfants quand ils ont rempli leurs devoirs sérieux. Des exercices de chants, des expériences amusantes et instructives sur diverses parties des sciences naturelles, des discours intéressants sur l'histoire, des loteries gratuites composées de livres, de tableaux, d'objets utiles, varient agréablement les soirées.

Les ouvriers y échappent aux tristes conséquences de la prodigalité et de l'ivrognerie, dans lesquelles le vide de leur esprit, ou l'absence des moyens de l'occuper, les obligeait autrefois à chercher une distraction, car il faut un délassement à l'infirmité de la nature humaine. Mais les délassements du cabaret, au lieu de ranimer les forces de l'homme, l'énervent et le rendent le lendemain moins apte à reprendre ses durs travaux; c'est sans doute là l'origine du chômage du lundi, occasion d'une seconde débauche qui enlève souvent à la famille de l'ouvrier le pain de la semaine.

Les pieuses assemblées du dimanche remédient à ce désordre; elles se pratiquent dans plusieurs

paroisses de Paris, et à leur imitation dans certaines villes de province. L'ouvrier ne sort de là
que le cœur content, l'esprit plus étendu, plus
élevé, plus orné; il a ménagé ses forces et ses
économies, et s'est disposé à reprendre son travail
du lendemain avec un nouveau courage. Les
besoins matériels de sa famille s'en trouvent bien,
et lui-même est moins malheureux toute la semaine, car son travail est assaisonné par de belles
pensées et d'intéressants souvenirs. Quand il ne
gagnerait à cela que les plaisirs de l'intelligence
dont il semblait déshérité, ne lui aurait-on pas
procuré un grand élément de bonheur?

Par des conférences sur la géographie physique,
la géologie et l'astronomie, on initie les associés
à la connaissance des merveilles de la nature, et
par là on détruit des opinions absurdes répandues
dans le vulgaire sur la cause des phénomènes ter-
restres et célestes.

Par des renseignements qu'on leur donne sur
l'hygiène, on prévient d'autres erreurs préjudi-
ciables à leur santé, leur seul bien, et à celle de
leurs enfants.

Enfin, pour qu'aucune de nos facultés intellec-
tuelles ne leur soit étrangère, on offre à leur
attention des morceaux de poésie qu'ils savent
sentir, puisqu'ils y applaudissent. Il est même

arrivé plus d'une fois qu'eux-mêmes ont présenté à l'assemblée des compositions littéraires qui n'ont pas été trouvées sans mérite.

Voilà comme la moralisation et l'instruction s'infiltrent peu à peu dans un peuple, au moyen de l'enseignement donné à l'enfance d'abord, puis aux adultes. Qui oserait soutenir que ces hommes seraient plus heureux en obéissant à leurs instincts brutaux qu'en suivant cette pensée civilisatrice offerte par la religion ?

Quant au bien-être matériel que promettent ces associations chrétiennes, outre les avantages que nous avons déjà signalés et qui résultent d'un sage emploi du dimanche, on s'occupe d'en procurer d'autres. Un fonds auquel tous les associés contribuent par une petite cotisation, et qui s'augmente de quelques dons volontaires, est destiné à venir au secours des associés malades ou atteints d'infortunes que la meilleure conduite ne peut pas toujours éviter. S'il y a d'autres améliorations à introduire, le temps, l'augmentation graduelle des ressources y conduiront. Ce n'est peut-être encore qu'un premier pas dans la voie d'une association plus complète, si elle est nécessaire au bonheur de l'humanité. Tout ce qui vient de l'homme doit tomber. Tout ce qui vient de Dieu doit durer.

Blasphèmes punis.

L'Ancien Testament nous fournit plusieurs traits de la vengeance céleste, qui répondait par des punitions éclatantes au mépris que des hommes impies se permettaient de faire du nom et de la puissance de *Jéhovah*. La loi d'amour, substituée à la loi de rigueur, n'a cependant pas tellement paralysé la justice divine que cette dernière ne semble se réveiller de temps en temps pour offrir quelque exemple frappant de son pouvoir et de sa vigilance aux générations actuelles, si disposées à l'oublier.

Sans porter nos regards en arrière sur les dix-huit siècles d'existence du christianisme, sans même essayer de scruter tout ce qui a pu se passer de nos jours, disons cependant que le Dieu qui dirige invisiblement les destinées des empires se montre encore quelquefois d'une manière soudaine et foudroyante aux êtres dépravés qui osent insulter publiquement à son saint nom et à sa divine providence.

Durant l'année 1816, année calamiteuse où des pluies continuelles avaient détérioré, jusque dans leurs germes, les grains dont se compose la

nourriture habituelle de l'homme, devenue répu-
gnante et malsaine en même temps que rare
et d'une grande cherté, les murmures sans doute
ne manquaient pas, tandis que les âmes chrétiennes se contentaient de gémir et de prier le Ciel
de mettre un terme au fléau. Un paysan eut la
perversité de s'en prendre au Très-Haut, de l'apos-
tropher avec audace, en lui reprochant de frapper
d'ergot les fruits de la terre. A l'instant cet homme
fut puni de mort.

Il y a très-peu d'années, des journaux anglais,
sérieux, et qui n'ont pas trouvé de contradicteurs,
quoique les protestants ne soient pas favorables
aux miracles, des journaux anglais ont raconté
que des hommes buvant dans une taverne, l'un
d'eux se permettait des propos impies que semblait
rendre plus inconvenant encore un violent orage
qui effrayait les assistants, et qui les porta à prier
l'imprudent de se taire, dans la crainte des juge-
ments de Dieu, auxquels nous rappelle si éloquemment le tonnerre.

Excité par la contradiction qu'il éprouvait, et
mettant un amour-propre bien mal placé à affecter
de ne craindre ni le Ciel ni les hommes, ce malheureux se prit à nier l'existence de la Divinité,
et croyant donner plus de force à ses vains raison-
nements, s'écria dans l'exaltation de son délire :

S'il y a un Dieu, je veux que la foudre m'aveugle.
A l'instant même il en fut frappé, et non point
réduit en poudre comme cela aurait pu paraître
tout naturel ; mais ses yeux seuls furent atteints,
tant pour répondre à son défi que pour lui laisser
sans doute par miséricorde la faculté de se repentir,
car cette cécité corporelle a dû guérir à tout jamais
l'aveuglement de son âme.

Voici à ce sujet un événement plus récent, arrivé
en février 1847 :

« Plusieurs laboureurs se trouvaient attablés à
l'auberge du sieur Sylvain Levaillant, située sur
la commune de Roussillère-Renfeugères (village
de la Normandie) ; l'un des convives se mit à jurer
le nom de Dieu, plus par habitude que par mauvaise intention. Le maître du logis, homme essen-
tiellement religieux, lui fit à cet égard des remon-
trances amicales et qui furent fort bien accueillies.
Alors un autre convive, nommé Hérabel, ouvrier
tisserand, voulant faire l'*esprit fort* et le voltairien,
commença par nier l'existence de Dieu et vomit
à ce sujet un grand nombre de blasphèmes. Le
sieur Levaillant chercha à calmer ce malheureux
par des paroles de douceur. Hérabel répond avec
ironie, et s'écrie : *Ton Dieu! je veux aller souper
avec lui ce soir.* Au même instant il tomba frappé
comme d'un coup de foudre, la face contre terre ;

il avait cessé de vivre, au grand effroi et à la
terreur profonde des assistants, qui ont vu dans
cette mort le doigt de Dieu et une juste punition du
Ciel, »

M. Vincent.

Quoique ce ne soit pas chose rare qu'un bon
prêtre animé d'une ardente charité, et remplissant,
avec une ferveur qui ne se dément jamais, tous
les pénibles mais glorieux devoirs de son auguste
ministère, le tableau de telles vertus doit toujours
inspirer au plus haut degré notre respect et notre
admiration. Moins le cercle où elles sont exercées
semble avoir de l'importance, plus il est dépouillé
de tout ce prestige qui s'emprunte aux grandeurs
de la terre, et plus la vraie grandeur du héros
et de sa mission reluit par elle-même aux clartés
de la foi.

Le simple et pieux curé de village, ce type
vénéré, chanté, aimé, plaît toujours au cœur du
poëte et du chrétien : il faut à ce pasteur une abnégation plus grande ; il a une plus grande part des
sacrifices attachés au sacerdoce, et beaucoup moins

de consolations humaines. Obligé en quelque sorte
de se rapetisser pour se proportionner à l'intelligence de ses ouailles, l'occasion lui manque pour
donner des preuves de sa capacité, et il passe sa
vie ignorée dans une solitude qui lui est chère. Il
a rarement la douceur d'échanger sa pensée avec
un homme en état de le comprendre; mais en
revanche on dirait que ses communications sont
plus libres avec le ciel, que semble obscurcir
l'étouffante atmosphère des villes.

D'un facile accès pour ceux qui composent son
troupeau, il est ce bon pasteur qui connaît ses
brebis et que ses brebis connaissent. Il s'intéresse
à leurs âmes et à leurs besoins temporels; sa maison leur est hospitalière; il les visite à son tour et
même le premier, et il les connaît toutes par leurs
noms. Comment ne serait-il pas leur père à tous?
nul autre que lui ne bénit leurs mariages, ne bap-
tise leurs enfants et ne les conduit à leur dernière
demeure : la mort même de ses fidèles ne vient
pas distraire la sollicitude qu'il leur a vouée; car
chaque jour il traverse, pour se rendre à la maison
de prière, le lieu où reposent leurs cendres, de
sorte que son cœur ne peut s'empêcher de murmurer encore leurs noms à l'autel.

Tel était M. Vincent, curé d'un pauvre village
situé sur les bords de la Marne, à quelques lieues

de Melun. Depuis environ un demi-siècle, il y exerçait son pieux ministère, et il y avait vu deux générations s'élever sous ses yeux. Jamais les offres de son évêque n'avaient pu le déterminer à quitter la modeste paroisse qu'il considérait comme un dépôt que Dieu lui avait confié. Il y faisait fleurir la religion et la piété; un petit patrimoine, qu'il n'estimait que parce qu'il lui donnait le moyen de faire des heureux, lui permettait de joindre aux secours spirituels les encouragements et les bienfaits que réclamaient les besoins de ses chers paroissiens. Il accompagnait surtout ses services de cette onction qui les fait chérir et de cette bonté qui entraîne. Ainsi le curé Vincent obtenait tout par amour, et n'en demandait pas d'autre témoignage qu'une plus parfaite observance de la loi de Dieu.

Par une soirée de juillet, après une journée étouffante, le bon pasteur se délassait de ses fatigues en récitant dans l'église son bréviaire, et s'arrêtait de temps en temps pour méditer la sainte parole de Dieu, lorsqu'on vint l'avertir qu'un habitant du hameau voisin, dépendant de sa paroisse, venait d'être atteint d'une attaque d'apoplexie et qu'on craignait pour ses jours. Il fallait trois quarts d'heure pour se rendre à ce hameau; les éclairs commençaient à sillonner la nue, et le

bruit d'un orage encore lointain se faisait entendre.
Tremblant pour la santé de son vieux curé, le
clerc veut en vain le retenir et l'engager à remettre
au lendemain matin cette pénible course. Mais
quoi ? retarder quand il s'agit du salut d'une âme
en danger ! c'est à quoi le digne prêtre ne saurait
jamais consentir. Il découvre sa tête vénérable,
fait une courte prière, et prenant le saint ciboire
dans ses mains défaillantes, rassemble toutes ses
forces pour marcher d'un pas courageux vers l'asile
de douleur où il est attendu avec anxiété.

Au bruit de la clochette, chacun s'incline sur
le passage de l'Homme-Dieu et de son ministre ;
mais on plaint ce dernier, on le blâme même de
s'exposer, la tête découverte, par un temps pareil
et à une telle heure ; et personne n'ose le suivre,
car l'orage augmente, le tonnerre gronde avec
fracas, et une pluie torrentielle inonde la tête
chauve et les vêtements du pasteur, qui n'en
continue pas moins sa route, craignant d'arriver
trop tard auprès du malade.

Côtoyant les bords de la Marne, le saint cortége
passe devant un établissement de blanchisseuses,
que l'approche menaçante de l'orage avait fait
déserter leur poste, à l'exception de quatre pauvres
jeunes filles qui, retirées dans un petit hangar
couvert de paille, se hâtaient de terminer un tra-

vail dont dépendait pour leur famille le pain du lendemain.

Au son de la clochette, à l'aspect de leur cher pasteur et de son fardeau sacré, elles tombent à genoux et demandent la bénédiction; puis l'une d'elles, par un pieux mouvement digne des saintes femmes qui assistaient le Sauveur au temps de sa vie mortelle, détache son tablier et propose à l'une de ses compagnes de l'aider à le soutenir sur la tête du curé. Par une idée plus heureuse encore, les autres lui font signe de les aider à soulever le hangar qui leur servait d'abri, et dont les quatre pieds légèrement fichés en terre ne soutiennent qu'un toit de paille d'environ six pieds de long sur quatre de large. Saisir chacune un de ces pieds, soutenir le hangar en guise de dais sur la tête du curé, et faire ainsi cortége à la divine Eucharistie, tout cela est bientôt fait. C'était un peu lourd à porter, mais la foi de ces jeunes filles, le bonheur qu'elles éprouvaient à remplir un tel office, allégeaient leur charge; pour rien au monde, elles n'eussent voulu rénoncer à un tel honneur, et Dieu sait toutes les saintes prières qui partaient de leur cœur pour leur bon curé et le malade pour lequel il bravait tant de peines.

Cependant l'orage devenait plus menaçant et plus terrible. Le petit cortége est forcé de s'ar-

rêter un moment, et presque aussitôt voit la foudre
tomber à vingt-cinq pas et briser un arbre sécu-
laire. Les jeunes filles poussent un cri perçant, le
clerc lui-même tremble. M. Vincent lui seul reste
calme : Celui qu'il porte le garantit contre toute
frayeur, il rassure ces vierges tremblantes et les
exhorte à se remettre en marche.

Quelle fut la reconnaissance de la famille du
moribond à l'arrivée du vieux curé, dont les éléments déchaînés n'avaient pu arrêter le zèle! A
son aspect, que n'espère-t-on pas de la bonté de
Dieu? Le prêtre commence les prières des agoni-
sants, et le Ciel, touché de tant de dévouement,
rend la connaissance au malade dont le médecin
n'espérait plus rien. On croit assister à une véritable résurrection; toutes ses facultés reviennent
comme par enchantement. Il retrouve la parole et
la force de remplir tous les devoirs que l'Eglise
impose aux mourants; bien loin de s'en trouver
plus mal après, la sécurité, la joie, fruit de sa
réconciliation avec Dieu, achèvent de lui faire du
bien. Il remercie avec effusion les jeunes filles
dont la bonne œuvre et la prière avaient contribué
à son bonheur. Et toute sa famille, rassurée sur
son existence, peut enfin s'occuper d'offrir au
pasteur et à ses acolytes quelques rafraîchissements
et un bon feu pour sécher leurs vêtements mouillés.

Depuis ce temps, ces quatre jeunes filles se consacrèrent d'une manière plus particulière au service de Jésus et de Marie, et formèrent le noyau d'une pieuse association qui fait l'édification de tout le village et donne au bon curé la plus douce des consolations.

Trois ans après cette circonstance, que M. Vincent se plaisait à rappeler avec attendrissement comme l'un de ses plus chers souvenirs, ce digne pasteur termina héroïquement sa carrière charitable par un acte éclatant de dévouement dont il fut la victime. Malgré son grand âge, il s'était transporté sur le théâtre d'un incendie qui dévorait l'habitation d'une famille de ses paroissiens. Non-seulement par sa présence il encourageait les travailleurs, mais il leur donnait l'exemple en payant lui-même de sa personne. Par lui, un vieillard fut sauvé des flammes ; mais, chargé d'un si grand fardeau, il fut obligé de faire de tels efforts pour traverser un plancher tout en feu, qu'un vaisseau se rompit dans sa poitrine ; atteint d'un vomissement de sang, il n'eut que le temps de prononcer ces paroles : « Il est sauvé !.... Mes amis, priez pour moi ! »

Ainsi tomba victime de la charité celui qui avait voué toute sa vie à cette reine des vertus. Plus digne d'envie que de pitié, il est allé recevoir la récompense de tant de travaux, tandis que les regrets de ses paroissiens lui consacraient la plus belle de toutes les oraisons funèbres.

Personne n'éprouva des regrets plus vifs de cette perte que les quatre jeunes enfants de son adoption, qui, mieux que tout autre, formées à son école, avaient été nourries de son esprit, imbues de ses sentiments. Laissant en elles des héritières de sa charité, il avait voulu par elles en perpétuer les actes, en leur laissant à chacune une somme d'argent qu'elles employèrent régulièrement en bonnes œuvres.

Ce qui offrit au monde une preuve sensible de ce qui arrive ordinairement dans le secret de bien des vies, c'est qu'un seul trait de piété, un premier pas dans la carrière de la vertu, a d'immenses conséquences pour la suite, et détermine quelquefois toute une carrière d'édification, en même temps qu'elle est la source des plus précieuses bénédictions du Ciel.

M. Alphonse de Ratisbonne.

La conversion de M. Alphonse de Ratisbonne a jeté trop d'éclat pour que nous puissions nous dispenser d'en donner quelques détails. Ce jeune juif, appartenant à une riche famille de Strasbourg, ne pratiquait, à proprement dire, aucune religion, et n'était attaché à celle de ses pères que par ce sentiment patriotique qui fait qu'on s'intéresse au peuple dont on fait partie et qu'on cherche à le soulager dans ses malheurs. Mais depuis qu'un de ses frères, M. Théodore de Ratisbonne, avait embrassé le catholicisme et les ordres sacrés, Alphonse, qui en avait conçu le plus vif ressentiment, avait étendu sa haine sur tout le catholicisme, et avait même promis à un ami protestant qui s'efforçait en vain de le convertir à sa secte, que si jamais il changeait de religion (ce dont il était on ne peut plus éloigné), ce ne serait que pour embrasser la secte dont il faisait partie.

Oui, il était bien éloigné de changer de religion, lui qui persécutait son frère pour l'avoir fait, lui qui tendait par les liens les plus tendres au reste de sa nombreuse famille, parmi laquelle il avait choisi une fiancée qu'il chérissait et qu'il devait épouser au retour d'un voyage qu'on l'avait obligé d'entreprendre pour affermir sa santé.

Ce voyage devait avoir pour objet l'Espagne et l'Orient. Alphonse se trouve conduit, il ne sait trop pourquoi, à visiter plutôt l'Italie. Il s'embarque directement pour Naples. Il ne voulait pas aller à

Rome, et cependant il va à Rome, mais avec l'intention de n'y passer que deux ou trois jours. Un Français qu'il y rencontre, le frère de cet ami protestant dont nous avons parlé, M. le baron Théodore de Bussières, converti, lui, au catholicisme, s'offre d'être son *cicerone*. Les remarques pénibles que fait Alphonse de Ratisbonne sur la situation des juifs à Rome lui inspirent des réflexions amères sur le catholicisme, et engage entre ces messieurs une sorte de polémique, dans laquelle M. de Bussières apporte un zèle ardent pour la conversion de son jeune ami, tandis que l'autre y oppose les plaisanteries et mêmes les blasphèmes. Il se prétend à l'abri de toutes séductions superstitieuses, ainsi qu'il appelle les naïves pratiques de la foi chrétienne ; et pour mieux prouver le peu d'importance qu'il y attache en même temps, et démentir le reproche d'opiniâtreté fait aux juifs, il consent à porter sur lui la médaille miraculeuse qui lui est offerte par M. de Bussières, et même à prendre une copie du *Souvenez-vous*, que ce monsieur, poussé par un attrait irrésistible, veut encore obtenir de lui. Alphonse se prête à ces propositions comme on se prête à un badinage ; il trouve même curieux de placer, parmi son journal et ses impressions de voyage, ces deux pièces de conviction dont il veut faire hommage à sa fiancée. Cependant cette prière

qu'il n'a copiée qu'une fois, il la sait malgré lui
par cœur, la repasse d'abord dans son esprit, pour
y chercher, dans un but de critique, ce qui fait que
les chrétiens peuvent y attacher tant d'importance.
Puis les paroles se présentent sans cesse à sa
mémoire comme un air qu'on fredonne à son insu ;
elles lui causent une indicible impatience , et pourtant il ne peut s'empêcher de les répéter intérieure-
ment. La nuit, il voit en songe la croix nue, telle
qu'elle est représentée sur la médaille. Il n'y avait
cependant pas fait attention ; ce n'est qu'après qu'il
a remarqué cette coïncidence.

On était au 16 janvier 1942, et le peu de jours
que M. de Ratisbonne devait passer à Rome étaient
écoulés, sa place était retenue pour le soir même.
M. de Bussières obtint, à force d'importunités ,
qu'il différât son départ, sous prétexte d'une belle
cérémonie qui devait avoir lieu à l'église Saint-
Pierre.

Ce même dimanche, M. de Bussières dînait avec
le comte de la Ferronnays, ancien ministre sous la
Restauration ; il connaissait sa piété, et recommanda
à ses prières le jeune Israélite auquel il s'intéressait
si vivement.

Le lendemain 17, M. de la Ferronnays, mûr
sans doute pour le ciel, et dont tous les actes
étaient une perpétuelle préparation à la mort, vint à

mourir presque subitement, au milieu de sa famille éplorée, de ses filles encore parées pour une fête à laquelle elles allaient se rendre au moment où il fut atteint du mal qui l'emporta si vite.

Averti de cette mort·, M. de Bussières passa une partie de la nuit auprès des restes mortels de son ami, unissant ses prières à celle qui avait dû être une des dernières de la vie du défunt, et que, sans doute, il réitérait maintenant dans le ciel, comme la suite va le prouver·

Du mardi matin au jeudi suivant, M. de Bussières continua à consacrer la plus grande partie de son temps au jeune Ratisbonne, lui montrant toutes les curiosités de la ville éternelle, et reprenant souvent leurs discussions, toujours avec le même zèle de la part du chrétien, et la même obstination et la même légèreté de la part du juif. Le nom de M. de la Ferronnays ne fut pas même échangé entre eux. Alphonse ne le connaissait pas ; seulement il remarquait en son ami une tristesse dont il ignorait la cause et qu'il n'apprit que le jeudi, jour des obsèques, où M. de Bussières, dans ses courses avec lui, entra un moment dans une église pour donner quelques ordres au sujet de la cérémonie qui va avoir lieu·

Ratisbonne, qui a passé la matinée au café avec d'autres amis qui ne l'ont entretenu que des futi-

lités de ce monde, n'avait pas l'esprit plus disposé
que les jours précédents à se rendre aux insinua-
tions de la vérité. Il suit son guide dans l'église,
qu'il parcourt d'un air froid et indifférent, tandis
que ce dernier s'occupe de remplir la commission
dont la famille du défunt l'avait chargé, ce qui ne
dura au plus que dix ou douze minutes.

Maintenant les moindres détails de cette mer-
veilleuse histoire deviennent si précieux que, de
peur d'en omettre un seul, je dois laisser parler
M. de Bussières et M. de Ratisbonne eux-mêmes.

« En rentrant dans l'église, dit le premier, je
n'aperçois pas d'abord Ratisbonne ; puis je le découvre bientôt agenouillé devant la chapelle de
l'Ange-Saint-Michel. Je m'approche de lui, je le
pousse trois ou quatre fois, avant qu'il s'aperçoive
de ma présence. Enfin il tourne vers moi un visage
baigné de larmes, joint les mains, et me dit avec
une expression impossible à rendre : « Oh ! comme
ce monsieur a prié pour moi ! »

» J'étais moi-même stupéfait d'étonnement ; je
sentais ce qu'on éprouve en présence d'un miracle.
Je relève Ratisbonne, je le guide, je le porte, pour
ainsi dire, hors de l'église ; je lui demande ce qu'il
a, où il veut aller : « Conduisez-moi où vous vou-
drez, s'écrie-t-il ; après ce que j'ai vu, j'obéis. »
Je le presse de s'expliquer, il ne le peut pas ; son

émotion est trop forte. Il tire de son sein la médaille miraculeuse, qu'il couvre de baisers et de
larmes. Je le ramène chez lui, et, malgré mes
instances, je ne puis obtenir de lui que des excla-
mations entrecoupées de sanglots : « Ah! que je
suis heureux ! que Dieu est bon ! quelle plénitude
de grâces et de bonheur ! que ceux qui ne savent
pas sont à plaindre ! » Puis il fond en larmes, en
pensant aux hérétiques et aux mécréants. Enfin il
me demande s'il n'est pas fou... « Mais non, s'é-
crie-t-il, je suis dans mon bon sens ; mon Dieu,
mon Dieu, je ne suis pas fou ! tout le monde sait
bien que je ne suis pas fou ! »

» Lorsque cette déchirante émotion commence à
se calmer, Ratisbonne, avec un visage radieux, je
dirais presque transfiguré, me serre dans ses bras,
m'embrasse, me demande de le mener chez un
confesseur, veut savoir quand il pourra recevoir le
baptême, sans lequel il ne pourra plus vivre, et il
soupire après le bonheur des martyrs dont il a vu
les tourments sur les murs de Saint-Etienne-le-
Rond. Il me déclare qu'il ne s'expliquera qu'après
en avoir obtenu la permission d'un prêtre ; « car
ce que j'ai à dire, ajoute-t-il, je ne puis le dire
qu'à genoux. »

» Je le conduis aussitôt au *Jésus*, près du
père de Villeford, qui l'engage à s'expliquer.

Alors Ratisbonne tire sa médaille, l'embrasse, nous la montre, et s'écrie : *Je l'ai vue, je l'ai vue ! ! !* et son émotion le domine encore. Mais bientôt plus calme, il peut s'exprimer ; voici ses propres paroles :

« J'étais depuis un instant dans l'église lorsque tout d'un coup je me suis senti saisi d'un trouble inexprimable. J'ai levé les yeux : tout l'édifice avait disparu à mes regards ; une seule chapelle avait, pour ainsi dire, concentré toute la lumière, et au milieu de ce rayonnement a paru debout, sur l'autel, grande, brillante, pleine de majesté et de douceur, la Vierge Marie, telle qu'elle est sur ma médaille. Une force irrésistible m'a poussé vers elle. La Vierge m'a fait signe de la main de m'agenouiller ; elle a semblé me dire : C'est bien ! Elle ne m'a point parlé, mais j'ai tout compris. »

» Ce court récit, Ratisbonne nous l'a fait en s'interrompant souvent comme pour respirer et maîtriser l'émotion qui l'oppressait. Nous l'écoutions avec une sainte frayeur mêlée de joie et de reconnaissance, admirant la profondeur des voies de Dieu et les trésors ineffables de sa miséricorde. Un mot surtout nous avait frappés par sa mystérieuse profondeur : *Elle ne m'a point parlé, mais j'ai tout compris.* Désormais, en effet, il suffit

d'entendre Ratisbonne ; la foi catholique s'exhale
de son cœur comme un parfum précieux du vase
qui le renferme mais ne peut le contenir. Il parle
de la présence réelle comme un homme qui la
croit de toutes les forces de son âme, c'est
encore trop peu dire, comme un homme qui la
SENT. »

C'est aussi de cette manière surnaturelle dont il
ne peut rendre compte qu'il a été instruit du lien
puissant et *posthumé* qui l'unissait à M. de la Ferronnays. On peut juger combien cette assurance,
ces nouvelles de *l'autre monde* apportèrent de
consolation dans la famille qui pleurait son chef.
M. de Ratisbonne y fut reçu comme un frère,
comme un messager du Très-Haut, pour l'assurer
du salut de celui qui, à n'en pouvoir douter, était
maintenant devant Dieu.

Plus tard, M. de Ratisbonne donna de nouveaux
détails sur sa vision miraculeuse. « Il ne pouvait
expliquer lui-même, dit M. de Bussières, comment il était passé du côté droit de l'église à la
chapelle qui est à gauche, et dont il était séparé
par les préparatifs du service funèbre. Il s'était
tout à coup trouvé à genoux et prosterné auprès
de cette chapelle. Au premier moment, il avait pu
apercevoir la Reine du ciel dans toute la splen-
deur de sa beauté sans tache ; mais ses regards

n'avaient pu soutenir l'éclat de cette lumière divine. Trois fois il avait essayé de contempler encore la Mère des miséricordes; trois fois ses inutiles efforts ne lui avaient permis de lever les yeux que jusqu'à ses mains bénites, d'où s'échappait en gerbes lumineuses un torrent de grâces.

« O mon Dieu ! s'écriait-il, moi qui, une demi-heure auparavant, blasphémais encore, moi qui éprouvais une haine si violente contre la religion catholique !... Mais tous ceux qui me connaissent savent bien qu'humainement j'avais les plus fortes raisons pour rester juif. Ma famille est juive, ma fiancée est juive, mon oncle est juif. En me faisant catholique, je romps avec toutes les espérances de la terre, et pourtant je ne suis pas fou ; on le sait bien que je ne suis pas fou, que je ne l'ai jamais été ; on doit donc me croire. »

Effectivement, la conversion de M. Ratisbonne eut pour résultat immédiat de le séparer de sa famille et de sa fiancée qu'il chérissait si tendrement, et qu'il aime encore, mais d'un amour tout chrétien et subordonné à la volonté de Dieu. Il exprime à ce sujet ses sentiments d'une manière bien naturelle et bien touchante, dans un récit détaillé qu'il adresse au curé de Notre-Dame-des-Victoires.

Les prières de l'Archiconfrérie ont eu aussi une heureuse influence sur cette conversion. M. l'abbé de Ratisbonne, depuis quelque temps attaché à la paroisse Notre-Dame-des-Victoires, y faisait prier pour son frère. Il était lui-même l'ami de ce M. de Bussières, qui a joué un rôle si actif dans cet événement.

M. Alphonse de Ratisbonne, qui n'avait jamais lu un livre de religion, même de sa secte, ayant été subitement éclairé, par manière d'intuition, de toutes les vérités de la foi, que dès ce moment il comprenait et aimait ardemment, était impatient de recevoir le baptême. En faveur de sa fervente impatience et des circonstances extraordinaires de sa conversion, on abrégea pour lui le temps des épreuves ordinaires en pareil cas. Il voulut recevoir le nom de Marie, et M. de Bussières lui servit de parrain.

Les engagements antérieurs de M. Ratisbonne ayant été rompues par le seul fait de son changement de religion, il n'eut plus d'autre pensée que celle de témoigner sa reconnaissance à Dieu et à Marie en se consacrant au service de l'Eglise. Pendant qu'il se préparait à une aussi sainte vocation, et qu'il repassait dans son cœur toutes les grâces dont il avait été l'objet, il se sentait aussi vivement pressé de consacrer une partie de sa fortune à ériger quelque monument matériel de sa reconnaissance. Il jeta les yeux sur une maison, d'orphelines, appelée la Providence, située rue Plumet à Paris, où l'avaient fixé ses nouvelles études. La chapelle de cette maison était totalement en ruines. M. Marie de Ratisbonne en fit construire une nouvelle en l'honneur de sa glorieuse patronne.

Cette chapelle, nous l'avons vue : d'une architecture simple et gracieuse, elle est située au milieu des fleurs. On y voit les instruments de la conversion de son fondateur. Le *Memorare ou Souvenez-vous* y est gravé en lettres d'or, tant en latin qu'en français sur les murailles. A droite, est le crucifix qui a servi aux derniers instants de M. de la Ferronnays. Au-dessus du maître-autel, M. de Ratisbonne a fait représenter la Vierge telle, autant que possible, qu'elle lui est apparue. On sent bien que le peintre n'a pu complétement saisir ce que le spectateur même ne saurait narrer. D'ailleurs, la blancheur diaphane de la vision ne pouvait faire l'objet d'un tableau qui doit nécessairement être colorié. Pourtant la vue de cette Vierge fait du bien; elle semble être là pour vous, et sa physionomie inspire la plus douce confiance.

Les   Blancs-Manteaux.

Au centre du quartier du Marais, naguère si tranquille et aujourd'hui envahi par l'industrie parisienne, règne un immense bâtiment fondé par saint Guillaume, ermite, et longtemps habité par des serviteurs de Marie qui portaient sa blanche livrée. Le chiffre de cette Reine des anges est mille fois répété sur toutes les parois, sur tous les ornements de l'église de ces religieux, servant aujourd'hui de paroisse. Plus d'un être infortuné, errant dans la ville populeuse, désert brûlant pour qui n'a point d'asile, y est venu en passant, rafraîchir un moment son âme. Ce nom consolant, offert partout à ses regards, a dû ranimer son courage et lui fournir quelque vivifiante inspiration, et il n'est sorti de là que fortifié, renouvelé. Là, Marie semble plus qu'ailleurs se souvenir de ses anciennes miséricordes; sa douce image y tend les bras au voyageur éperdu qui s'abandonne avec une confiance qui ne saurait être trompée, et c'est avec connaissance de cause que notre plume en donne l'assurance.

Mais, à côté de là, dans les longs corridors qui retentissaient autrefois des louanges de Marie, dans les vastes salles où s'exhalaient, comme un parfum d'agréable odeur, le consentement qu'on devait goûter à son doux service, on pourrait entendre aujourd'hui bien des soupirs étouffés, recueillir plus d'une larme silencieuse et rencontrer de profonds désespoirs.

Dans l'asile où les pauvres recevaient autrefois, comme dans tous les couvents, des secours gratuits, s'exerce aujourd'hui le monopole légal des prêts sur gages. C'est là que l'indigence honnête et timide vient, plutôt que de tendre la main, apporter son vêtement, quelquefois le plus nécessaire, quelquefois sa dernière ressource, pour recevoir en échange le dixième de la valeur d'un objet qu'elle sacrifie. On y a vu des ouvriers malades ou sans travail engager leurs outils pour prolonger d'un jour leur existence désespérée. Des meubles utiles, des souvenirs chers et précieux s'y viennent engouffrer et attendre qu'une position meilleure permette à leur possesseur de venir les retirer. Mais malheur à eux si cette amélioration se fait attendre, car les intérêts de la somme prêtée s'accumulent vite, et si, au bout d'un an, on ne peut payer les droits échus, l'objet est bientôt impitoyablement vendu et perdu pour son ancien propriétaire.

Ces pauvres gens que vous voyez sortir grelot-

tants de cette administration, où ils ont laissé le
manteau où l'habit qui devait les couvrir durant
la saison rigoureuse, ne sont pas encore les plus
à plaindre; ceux-là bénissent encore, quoique en
gémissant, l'avare institution qui leur a permis,
au prix d'un sacrifice énorme, de donner du pain
à leurs enfants ou des médicaments à leurs malades, sans être obligés de mendier ailleurs des
secours encore plus humiliants et qu'on leur eût
refusés peut-être. Mais ceux qui n'ont pas un objet
suffisant à offrir en garantie, ceux dont le superflu,
dont le nécessaire ne vaut pas *trois francs*, somme
au-dessous de laquelle le mont-de-piété ne prête
rien, et qui se voient refuser ou plutôt jeter de-
daigneusement les guenilles que l'on juge ne pas
valoir la peine d'être estimées et dans lesquelles
ils avaient mis leur dernier espoir, ah! c'est ceux-
là surtout qui sortent la mort dans le cœur; c'est
ceux-là surtout qu'il faut plaindre, qu'il faut
secourir.

Ce serait une belle œuvre, à laquelle le riche
pense peu, que de pénétrer dans ce refuge de la
misère; c'est là qu'il y aurait lieu d'en observer de
toutes natures : misères en chapeaux aussi bien
qu'en bonnets, en habits râpés aussi bien qu'en
blouses. C'est là où viennent s'engloutir les derniers
débris de l'aisance détruite, qui les apporte furti-

vement en rougissant de honte. Guetter de telles douleurs, faire des fonds pour les soulager serait une œuvre vraiment digne, une charité, le plus souvent, bien placée. En général, on ne s'occupe pas assez de ceux qui ne demandent pas, des pauvres inconnus.

Puissent ces paroles attirer sur tant de misères cachées le souffle bienfaisant de la charité chrétienne, qui a reçu du Ciel l'admirable mission de soulager toutes les infortunes !

Notre-Dame-des-Victoires.

Qui n'a entendu parler, s'il n'en fait partie, de l'admirable archiconfrérie établie en l'église de Notre-Dame-des-Victoires, autrement dite des *Petits-Pères*? et peut-on, dès que l'on veut citer une des paroisses les plus distinguées de Paris, s'empêcher de mentionner celle-ci ?

Cette église, qui appartenait à un couvent de moines augustins, fut dédiée à la sainte Vierge par Louis XIII, qui voulut qu'elle portât le nom de Notre-Dame-des-Victoires. Commencée en 1656,

cette église ne fut terminée qu'en 1739, et consacrée l'année suivante. Cinquante ans après, la
révolution supprima les *Petits-Pères* comme les
autres communautés religieuses, et fit aussi fermer
leur église, qui fut convertie en un temple de
Plutus, c'est-à-dire que la bourse de Paris s'y tint
pendant plusieurs années. Quelle ne dut pas être la
douleur des vrais fidèles en voyant le lieu saint
devenir le théâtre de l'agiotage le plus immoral
et de l'avide passion qui est un des plus tristes
caractères de notre époque !

Rendue au culte, l'église de Notre-Dame-des-
Victoires était devenue une paroisse de Paris, mais
paroisse, hélas ! bien négligée ! Située dans le
quartier le plus populeux de la capitale, au centre
du mouvement des affaires et des lieux de plaisirs,
cette maison de Dieu était oubliée par les soins
tumultueux du monde, qui ne laissaient ni à ses
paroissiens, ni aux passants qui se croisaient continuellement devant sa porte, le temps de songer à y
apporter leurs hommages. Les grandes solennités
mêmes la trouvaient déserte ; les sacrements et les
pratiques religieuses étaient abandonnés, et le pasteur, isolé au sein de son troupeau, semblait n'avoir
rien à faire qu'à gémir sur la situation déplorable
de sa paroisse, tant semblait sans ressource l'indiffé-
rence de ceux qui la composaient.

Mais, avec le pouvoir de Dieu et la confiance en
Marie, y a-t-il jamais aucun mal sans remède?
Le curé de Notre-Dame-des-Victoires conçut la
pieuse pensée de s'adresser au Cœur même de la
Mère de Dieu, ce Cœur si plein de tendresse pour
les pécheurs et les infortunés, et de consacrer sa
paroisse à ce très-saint et immaculé Cœur. Aussitôt
le plan et les statuts d'une association de prières
sont dressés. Mgr de Quélen, archevêque de Paris,
approuve cette dévotion et érige l'association le 16
décembre 1836.

Dès la première réunion, qui eut lieu le 11
décembre, à sept heures du soir, la grâce de Marie
se faisait déjà sentir; on y remarquait plus de
monde qu'aux offices mêmes des jours de fêtes.
L'instruction qui suivit l'office expliqua le but de
l'association, qui excita un saint enthousiasme, et
bien des germes de conversion prirent dès lors
racine dans les cœurs.

Prosterné au pied du Saint-Sacrement et devant
l'image de Marie, le pasteur supplie cette bonne
Mère d'agréer cette pieuse association établie en
son honneur, et la conjure, pour signe de cette
adoption, de lui accorder la conversion d'un vieillard de quatre-vingts ans, entêté d'idées prétendues
philosophiques, et qui, n'ayant donné aucune
marque de religion depuis sa jeunesse, refusait

obstinément les visites de son curé, lequel s'était déjà présenté dix fois chez lui. Le lendemain, plein d'une confiance nouvelle, il s'y présente une onzième fois, et ce fut avec un succès si complet que l'heureux pasteur n'y put méconnaître l'intervention du *Refuge des pécheurs ;* il en conçut le plus favorable augure pour l'accomplissement de tous ses vœux. La conversion avait été si évidemment l'ouvrage de la grâce, que le vieillard en donnait des signes dès avant que le curé eût eu le temps de lui adresser d'autres paroles que des formules de politesse.

Dix jours après l'ouverture des registres de l'association, plus de deux cents personnes s'y étaient déjà fait inscrire, presque toutes de la paroisse. Cette association ne tarda pas à prendre l'extension la plus rapide : le pape Grégoire XIV, instruit de son but et de ses résultats, la combla de grâces spirituelles et l'éleva à la dignité d'archiconfrérie. Aujourd'hui cette dévotion, qui a produit des fruits immenses, miraculeux, et qui attire un grand concours de fidèles de toutes paroisses à l'église Notre-Dame-des-Victoires, s'est propagée dans toutes les provinces de la France, et même dans toutes les parties de l'ancien et du nouveau monde, jusque dans les îles les plus reculées.

Depuis ce temps, outre la messe qui se célèbre

tous les samedis dans l'église de Notre-Dame-des-Victoires au nom de tous les associés de l'archiconfrérie, pour obtenir, par l'intercession de Marie, la conversion des pécheurs, on célèbre en son honneur, tous les dimanches soir, un office accompagné d'une instruction.

On y recommande spécialement, sans toutefois les nommer, les personnes que leurs familles ou leurs amis ont signalées comme ayant un besoin particulier de prières. Pendant l'instruction, plusieurs prêtres sont dans leurs confessionnaux, prêts à écouter tous ceux que la grâce leur adresse ; car il arrive presque tous les dimanches que des personnes portées par la simple curiosité entrent dans cette église, y deviennent pénétrées de componction, et n'en sortent que renouvelées ou du moins assez touchées pour que leur conversion ne se fasse guère attendre.

Cette paroisse, autrefois si relâchée, est devenue un modèle d'édification, et cela dès la première année de l'établissement de l'association. On pourrait raconter des traits innombrables de conversions qui, par leur rapidité et leur concordance avec les prières faites pour les obtenir, tiennent évidemment du prodige. Nous en citerons particulièrement une dont les circonstances offrent ce caractère. Mais ce que je remarque surtout en elle, c'est en

même temps un caractère de naturel et de simplicité, qui persuade et ôte tout soupçon d'illusion
pour ne laisser admirer que la bonté de Dieu et
l'heureuse influence de la protection de Marie.

Une dame passe un dimanche, à huit heures du
soir, devant l'église Notre-Dame-des-Victoires. Sur-
prise d'y voir de la lumière à pareille heure, elle y
entre, et entend la fin du sermon et la recomman-
dation des pécheurs. Elle demande à quelques dames
ses voisines ce que c'est que cette association ; et
bientôt mise au fait, l'idée lui vient de demander
à ces dames leurs prières pour un pécheur de sa
connaissance aussi impie qu'endurci.

Dans le courant de la semaine, elle se sent
pressée de s'unir elle-même aux prières qu'elle a
demandées, et vient trouver le curé pour se faire
agréger à l'association. Elle cherche à l'intéresser
à son protégé, dont elle lui raconte la vie, la corruption, l'impiété invétérée : aussi ignorant en
matière de religion qu'instruit sur tout autre point,
il ne peut entendre prononcer le nom de Dieu sans
proférer des blasphèmes.

Cette dame n'a d'autre raison de s'intéresser à lui
que la piété : la conversation de cet homme lui dé-
plaît, mais elle le connaît depuis longtemps ; il est
vieux et infirme, et partant négligé de beaucoup de
personnes qu'il avait fréquentées autrefois. C'est

donc uniquement par compassion pour son isolement que cette dame fait une courte visite tous les quinze jours, le vendredi.

Ce fut le dimanche 7 mai qu'il commença à avoir part aux prières publiques. Le vendredi 12, cette dame va le voir, et lui trouve l'air fatigué, inquiet ; elle lui en demande la cause. « Je ne suis pas mal, dit-il, mais j'ai une préoccupation d'esprit, depuis lundi, qui me fatigue, une foule d'idées qui m'obsèdent et que je ne puis renvoyer. Et ce qu'il y a d'étonnant, c'est que ce sont des pensées religieuses. Vous jugez comme cela me va bien... » La dame veut hasarder quelques réflexions ; il lui ferme assez poliment la bouche en lui disant : « Vous connaissez ma façon de penser sur ces misérables superstitions, qu'il n'en soit jamais question entre nous. »

Le dimanche suivant nouvelles prières, et dans la semaine qui suit, redoublement de la grâce. Le malheureux n'y tient plus. Il ne peut goûter aucun repos, et, si l'accablement l'oblige à céder un instant au sommeil, des songes affreux le réveillent en sursaut. Il se sent entraîner devant un tribunal ; il est forcé à y rendre compte de sa vie criminelle et s'y voit condamné *pour n'avoir pas fait la volonté de Dieu.* La même vision se représente et le poursuit durant le jour. Il espère y échapper par la

lecture d'un livre catholique ; et son domestique ,
à qui il en demande un , n'a que le catéchisme de
Paris à lui procurer (précisément le livre dont il
avait le plus besoin). Mme de ***, qui , à la prière
de son curé a avancé sa visite de huit jours, trouve
ce monsieur occupé à cette lecture. Il lui fait part
et de ses tourments et du soulagement que cette
lecture y apporte ; mais il redoute la nuit suivante,
il n'y a rien qu'il ne veuille faire s'il le savait,
pour échapper au supplice qui l'attend. La dame
lui procure , le lendemain, la médaille dite *miraculeuse*, qu'il accepte avec reconnaissance comme un
préservatif pour tous ses maux.

Le dimanche 21 mai , on renouvelle les prières
à la même intention ; le curé invite les plus fer-
vents associés à y conformer leurs communions de
la semaine. Le vendredi suivant, 26 mai, Mme de ***
va revoir son malade et trouve qu'un grand changement s'est opéré en lui. « A peine m'eûtes-vous
quitté samedi , lui dit-il , que je fus délivré de
toutes ces idées sinistres qui me poignardaient ; je
ne les ai pas revues. J'ai dormi bien profondément
les nuits de samedi et de dimanche ; j'étais rentré
dans mon état naturel. Dans la nuit de lundi à
mardi , je me sentis éveillé doucement ; j'ouvris
les yeux , et je vis ma chambre remplie d'une lumière éclatante. Frappé d'étonnement, je cherchais

à me rendre compte de ce phénomène, quand une dame, du port le plus majestueux, ayant une figure pleine de dignité et de bonté, vêtue d'une robe blanche, s'avança vers moi, et me dit qu'il était temps que je misse un terme à mes péchés qui fatiguent la justice de Dieu depuis le commencement de ma vie; qu'il était plus que temps pour moi de me convertir et de faire pénitence; que si je mourais dans l'état où je suis, je serais perdu pour l'éternité; mais si j'ai le bonheur de me convertir, de recevoir la grâce de réconciliation dans le sacrement de Pénitence, et de persévérer dans cette nouvelle voie, elle me promet que Dieu m'accordera le bonheur éternel. Et elle disparut ainsi que la lumière. Je n'ai rien compris à cette merveille : elle m'a laissé dans un étonnement que je ne puis exprimer; mais en même temps j'éprouvai un sentiment de joie douce que je ne sais pas analyser. J'y pensai continuellement mardi tout le jour, dans l'impossibilité où j'étais de m'expliquer ce fait. Je cherchais à douter, mais je ne le pus; j'étais bien éveillé. Dans la nuit de mardi à mercredi, même réveil, même apparition et même discours. Je me perdais dans mes réflexions sans prendre aucun parti. Enfin, dans la nuit de mercredi au jeudi, j'ai encore vu cette dame, qui m'a dit la même chose en y ajoutant : « C'est pour la

dernière fois que je viens vous donner ces avis ;
faites-y bien attention, votre salut en dépend. »
Elle a disparu, et je ne l'ai plus revue. Comprenez-
vous tout ce qui m'est arrivé depuis trois semaines ?
Je n'en ai parlé à personne qu'à vous. Je suis bien
déterminé à me convertir, à devenir chrétien, à me
confesser même. Mais comment faire ? je ne sais
rien ; j'ai rencontré autrefois un prêtre irlandais,
je ne connais que lui, je pourrai m'adresser à lui ;
je ferai tout ce qu'on voudra, j'en sens la nécessité, j'ai passé par de trop cruelles épreuves. Je
suis bien forcé de convenir qu'il y a une puissance supérieure à l'homme, à laquelle il doit se
soumettre... »

Nous avons rapporté textuellement les paroles
de cet homme, pour mieux laisser juger de la lutte
qui s'opérait entre la grâce et lui, et la résistance
qu'il y apportait. Des conférences avec le prêtre
irlandais en question, et ensuite avec le curé de
Notre-Dame-des-Victoires, ainsi que des livres judi-
cieusement choisis par ce dernier, achevèrent cette
conversion si heureusement commencée, et, le
3 décembre suivant, il fut admis à faire sa première
communion, à l'âge de soixante-douze ans. Devenu aussi fervent chrétien qu'il avait été opposé
à la religion, il forma le projet d'aller évangé-
liser ses compatriotes, la plupart hérétiques, et se

mit en route à cet effet. Mais Dieu se contenta du sacrifice de sa bonne volonté : la rigueur de la saison et la fatigue du voyage achevèrent d'épuiser ses forces déjà affaiblies par l'âge, et il mouiut en route, en paix avec sa conscience et déjà mûr pour aller goûter le bonheur que Marie lui avait promis pour prix de sa docilité à ses avertissements.

Voici d'autres traits non moins propres à inspirer la confiance en la prière et la protection de Marie.

Un jeune négociant de province était venu à Paris pour affaires : après les avoir terminées, il veut donner un jour au plaisir ; il retient sa place à la diligence pour le dimanche matin, et passe la journée du samedi à *s'amuser*, c'est-à-dire à se livrer à toutes sortes d'excès. Le soir, fatigué et non rassasié encore, il passe en se promenant sur la place des Petits-Pères, et entre machinalement dans l'église qui était ouverte. Il y voit des hommes, des jeunes gens occupés à se confesser, et se dit à lui-même, avec l'accent de l'indignation et du mépris, *que c'est bien bête*. Il s'avance jusqu'à l'autel du Saint-Cœur de Marie, et la curiosité l'y retient à considérer un tableau. Il y passe quelque temps, durant lequel il répète la même réflexion méprisante, en y ajoutant celle-ci : *Je me confessais*

aussi autrefois, que j'étais bête ! Cette pensée lui
revient encore, *je me confessais autrefois*, elle revient plusieurs fois. Il reste absorbé dans ses souvenirs, et est obligé de convenir avec lui-même
qu'il était plus heureux alors qu'aujourd'hui. Ses
désordres de la journée lui ont occasionné un ma-
laise et une espèce de fièvre. Une idée se présente
vivement à son esprit : *Si je me confessais*. Elle
est bien involontaire, car il la repousse avec horreur;
et pourtant elle prend malgré lui de la consistance,
elle s'enracine et lui devient moins pénible. Il finit
par être pressé du besoin de s'approcher du sacré
tribunal, et s'y détermine par la considération qu'il
n'est pas connu et que personne n'en saura rien.
Dispositions peu suffisantes sans doute ; mais, dans
le confessionnal, où il est entré plutôt par l'effet
d'un coup de tête que par celui d'un véritable
repentir, son cœur s'amollit, se brise de componction, et au bout d'une heure et demie il en sort
converti et complétement justifié. Cette conversion,
racontée en chaire avec la permission du pénitent,
entraîna immédiatement celle d'un autre pécheur
qui en entendit le récit.

Un autre jour, c'est un militaire dont l'éducation chrétienne avait été tellement négligée qu'il
n'avait pas même reçu le baptême, et qui, entendant dans cette église, où il n'était entré que par

désœuvrement, un sermon sur la conversion de saint Augustin, est soudainement pressé du désir de l'imiter et le met à exécution. (Il est à remarquer que le jour de la fête de saint Augustin a été chaque année, depuis l'établissement de l'association, l'un des plus féconds en conversions.) Une autre fois, c'est encore un militaire qui vient entendre ce sermon par complaisance pour une dame qui le prie de l'y accompagner ; il s'ennuie d'abord à l'office, puis il s'y intéresse au point de revenir volontairement, et ne tarde pas à être efficacement touché de la grâce. Le récit de sa conversion en produit encore une autre. Ainsi elles s'enfantent les unes par les autres. Quel encouragement aux personnes pieuses pour faire recommander à Notre-Dame-des-Victoires, ou dans quelqu'une des succursales de cette archiconfrérie, ceux de leurs familles ou de leurs amis qui ont besoin de prières ! Aussi de toutes parts y recommande-t-on en foule les pécheurs, et jamais sans succès ; il semble même que les plus endurcis soient ceux que Marie se plaît à favoriser davantage pour mieux faire connaître à tous, dans leur intérêt, son crédit et sa bonté.

Ces conversions pourront faire juger des autres ; elles sont innombrables. Mais la protection de Notre-Dame-des-Victoires ne se borne pas là, elle est aussi bien le salut des malades et la consolation

des affligés que le retour des pécheurs. — Un
des habitants de la paroisse est frappé d'aliénation
mentale ; sa situation rend inévitable la ruine de
sa famille. On le recommande aux prières de l'archiconfrérie, et le lendemain, de la maison de
santé où il est enfermé, il écrit à sa femme une
lettre pleine de bon sens et qui annonce un réta-
blissement complet ; ce qui se confirme dans la
suite, sans qu'il reste aucun vestige du triste état
dans lequel il était tombé. — Une jeune personne
est subitement guérie d'un mal de jambe qui
semblait incurable. — Un petit garçon condamné
par le médecin, et recommandé aux prières le
dimanche soir, est parfaitement rétabli le lundi.

Tout ceci n'est qu'un échantillon de l'abondance des grâces obtenues par l'intervention du
saint Cœur de Marie. Enhardi par tant d'heureux
essais, que ne demande-t-on pas à la Dame de
toutes les victoires ! Elle démêle les affaires em-
brouillées, raccommode celles qui semblent les
plus mauvaises. Ses riches trésors sont inépuisables ;
qui pourrait en limiter l'étendue ?

Quoique cette association soit aujourd'hui bien
connue, j'espère pourtant que ces détails ne seront
pas tout à fait inutiles, et que ce livre tombera
dans les mains de quelques personnes qui n'en ont
que très-imparfaitement entendu parler.

Hommage à Marie.

En terminant ce volume, nous ne pouvons nous empêcher de citer cet hommage adressé à Marie ; les réflexions en sont si belles qu'on ne saurait les rendre trop populaires (1).

« QU'ELLE EST BONNE, MARIE !

» S'il m'était possible de fermer les yeux sur tout ce que cette bonne Mère m'a fait de bien, la voix de tous les siècles viendrait m'écraser de l'écho qu'elle a trouvé dans l'univers.

» QU'ELLE EST BONNE, MARIE !

» Elle est bonne de la bonté de Dieu même, qui l'a chargée de répandre sur toute la terre les trésors de sa miséricorde infinie. Pécheurs, malades, souffrants, affligés de toute espèce, dites-le, n'est-ce pas ?

» QU'ELLE EST BONNE, MARIE !

» Sa douce main essuie les larmes de ceux qui pleurent... Les rayons de sa miséricorde éclairent les égarés... Sa puissante protection relève le courage des âmes abattues... Son cœur plein de tendresse invite tous les pécheurs à venir y cher-

(1) Extrait des œuvres de M. l'abbé Leguillou.

cher la paix. — O vous qui ne la connaissez pas
encore, si vous saviez :

» QU'ELLE EST BONNE, MARIE !

» *Un seul mot !... un seul regard de l'âme !...
un seul soupir du cœur !...* et elle vous comprendra, elle vous soulagera, elle dissipera vos craintes,
elle soutiendra vos forces, elle allégera le fardeau de
l'épreuve. — Ayez confiance,.. venez... priez...
et bientôt vous répéterez avec toute l'Eglise : Qui
l'a jamais invoquée sans s'écrier après :

» QU'ELLE EST BONNE, MARIE !

» O bonne, ô douce, ô très-pure Vierge Marie !
laissez-moi vous le dire mille et mille fois : Je
vous aime ! oui, je vous aime, et je veux vous
aimer et vous aimer toujours ! »

Et m'écrier durant l'éternité, avec tous ceux que
vous aurez sauvés :

QU'ELLE EST BONNE, MARIE ! ! !

FIN

TABLE

TABLE 191

———

— Lille. Typ. J. Lefort. 1876 —